国际金融中心发展报告

INTERNATIONAL FINANCIAL CENTER DEVELOPMENT REPORT

《国际金融中心发展报告》编写组

2018

中国金融出版社

责任编辑：童祎薇
责任校对：潘　洁
责任印制：裴　刚

图书在版编目（CIP）数据

国际金融中心发展报告. 2018 /《国际金融中心发展报告》编写组. —北京：中国金融出版社，2018.12
ISBN 978-7-5049-8100-4

Ⅰ. ①国… Ⅱ. ①国… Ⅲ. ①国际金融中心—研究报告—上海—2018 Ⅳ. ①F832.751

中国版本图书馆CIP数据核字(2018)第264580号

出版发行　中国金融出版社
社址　北京市丰台区益泽路2号
市场开发部　(010)63266347，63805472，63439533 (传真)
网 上 书 店　http://www.chinafph.com
(010)63286832，63365686 (传真)
读者服务部　(010)66070833，62568380
邮编　100071
经销　新华书店
印刷　北京市松源印刷有限公司
尺寸　210毫米×285毫米
印张　7.25
字数　156千
版次　2018年12月第1版
印次　2018年12月第1次印刷
定价　108.00元
ISBN 978-7-5049-8100-4

编写委员会

COMMITTEE

统　稿： 刘惠娜

执　笔： 常鑫鑫　陈超俊　陈　露　成晟华　程南雁　郭颖妍
黄　伟　黄一蕾　黄　宇　蒋一乐　雷电发　李媛媛
刘惠娜　刘玉华　卢　静　陆　屹　罗　江　沈亦乐
童小军　万阿俊　王　亮　王德莲　汪梦莹　翁　璇
吴　钰　肖立伟　张婕珂　张　颂　周　彬　周　萍
邹　琼

内容摘要

EXECUTIVE SUMMARY

2017年，全球经济复苏加快，其中，发达经济体经济增速明显加快，新兴经济体增速较上年小幅提高。根据IMF等机构预期，2018年全球经济预计将进一步增长，发达经济体和新兴经济体增速较2017年均有所提高；2019年，发达经济体增速将有所回落，而新兴市场和发展中经济体将保持加速增长。在全球贸易摩擦不断加剧的情况下，全球经济增长的不确定性和下行风险有所增加。

从全球金融格局来看，2017年全球股票市值增长强劲，各主要经济体国内信贷增长受本国经济增长的影响而有所差异，跨境权益与负债有所增长，主要经济体债券余额保持增长态势，国际债券市场主要由英美两国主导；从各主要货币汇率走势来看，美元指数高位回落，欧元持续走强，日元保持稳定，英镑持续走强，新兴经济体汇率走势分化。主要发达经济体消费者价格在经济持续复苏带动下同比涨幅逐步上行至通胀目标附近及以上，新兴经济体消费者价格同比涨幅走势不同。美元、欧元仍是全球最主要的储备货币。

2017年，上海深入推进金融创新与开放，加快金融机构集聚，参与制定国际金融规则，国际金融中心建设取得新进展。自贸试验区金融创新有序推进，金融服务“一带一路”、科创中心建设能力继续提升，金融风险防范和化解工作不断加强，上海市委、市政府印发《关于做好新时代上海金融工作　加快建设国际金融中心的实施意见》。

金融市场加快开放创新。内地与香港债券市场互联互通合作上线试运行。人民币跨境支付系统（CIPS）二期建设加快推进。包括企业、银行、主权国家等多元主体在交易所、银行间债券市场发行熊猫债券等，助力“一带一路”建设。中国信托登记公司信托登记系统上线运行，上海票据交易所完成电子商业汇票系统（ECDS）移交切换，上海保险交易所财险共保交易结算平台上线。

金融机构持续集聚上海。中央国债登记结算公司上海总部、担保品业务中心揭牌，上海关键收益率（SKY）发布。中国农业发展银行上海资金交易中心落户。上海科创中心股权投资基金管理公司揭牌成立。金融发展环境进一步优化。中央全面深化改革委员会审议通过《关于设立上海金融法院的方案》。金融人才服务工作力度加大，发布2017中国（上海）金融人才指数。

积极参与国际金融规则制定。全球中央对手方协会（CCP12）在上海发布首个清算行业国际标准。发布全国首张自贸试验区金融服务业对外开放负面清单指引，自由贸易账户主体范围进一步拓展。

近年来，中国的金融开放和对外开放力度持续加大，上海金融业发展迅速，上海国际金融中心的全球地位稳步提升。纽约、伦敦作为全球最主要金融中心，继续在全球金融运行中发挥核心作用。

目 录

CONTENTS

专栏

第一章
全球经济金融格局

2017年，全球经济复苏加快，其中，发达经济体经济增速明显加快，新兴经济体增速较上年小幅提高。展望2018年，全球经济预计将进一步增长，发达经济体和新兴经济体增速较2017年均有所提高；2019年，发达经济体增速将有所回落，而新兴市场和发展中经济体将保持加速增长。

从全球金融格局来看，全球股票市值增长强劲，各主要经济体国内信贷增长受本国经济增长的影响而有所差异，跨境权益与负债有所增长，主要经济体债券余额保持增长态势，国际债券市场主要由英美两国主导；从各主要货币汇率走势来看，美元指数高位回落，欧元持续走强，日元保持稳定，英镑持续走强，新兴经济体汇率走势分化。主要发达经济体消费者价格在经济持续复苏带动下同比涨幅逐步上行至通胀目标附近及以上，新兴经济体消费者价格同比涨幅走势不同。美元、欧元仍是全球最主要的储备货币。

一、全球经济增长格局

（一）2017年经济增长和宏观政策简要回顾

2017年，全球经济复苏加快。其中，发达经济体经济增速明显加快，新兴经济体增速较上年小幅增加。具体来看，美国经济增长势头良好，就业市场持续向好，通胀水平稳步上升；欧元区经济复苏加快，失业率持续下降，通缩压力持续缓解；日本经济温和复苏，就业市场持续向好，通缩压力有所缓解；新兴经济体经济增速有所回升，中国和印度的经济增速略微放缓，俄罗斯、巴西和南非经济增速明显上行。据国际货币基金组织（IMF）数据显示，2017年全球经济增长3.8%，比上年增长0.6个百分点。其中，发达经济体增长2.3%，比上年增长0.6个百分点；新兴市场和发展中经济体增长4.8%，比上年增长0.4个百分点。

2017年全球主要经济体的货币政策有所收紧。美联储三次加息，并于10月开始缩表；欧央行维持政策利率不变，但逐步减少资产购买规模；日央行继续实施宽松货币政策；新兴经济体货币政策总体宽松，融资环境有一定改善。

（二）2018年经济增长展望

在2017年强劲的经济增长带动下，加之有利的市场氛围、宽松的金融环境和美国扩张性的财政政策，2018年全球经济预计将进一步增长。IMF2018年4月估计，2018年全球经济增速将为3.9%，较2017年有所提高。其中，发达经济体经济增长将达到2.5%，新兴市场和发展中经济体经济增长将达到4.9%，均高于2017年的经济增速。

预测2018年经济增长上行的因素主要表现在，截至2018年2月中旬，商业和消费者信心保持强劲，高频率指标显示未来几个月增长可能保持稳健。对商业盈利能力增强的预期可能促使企业扩大投资和招聘计划。此外，持续的投资回升可能会促进生产力的反弹，这意味着未来一段时期的潜在增长将会更高。相应地，潜在产出的加速升级会在最

表1–1 全球及主要经济体2018～2019年经济增长的预测值

单位：%

			IMF预测		世界银行预测		联合国预测	
	2016年	2017年	2018年	2019年	2018年	2019年	2018年	2019年
全球	3.2	3.8	3.9	3.9	3.1	3.0	3.2	3.2
发达经济体	1.7	2.3	2.5	2.2	2.2	2.0	2.2	2.1
新兴市场和发展中经济体	4.4	4.8	4.9	5.1			4.8	4.8
美国	1.5	2.3	2.9	2.7	2.7	2.5	2.5	2.3
欧元区	1.8	2.3	2.4	2.0	2.1	1.7	2.2	2.0
日本	0.9	1.7	1.2	0.9	1.0	0.8	1.6	1.5
英国	1.9	1.8	1.6	1.5				
中国	6.7	6.9	6.6	6.4	6.5	6.3	6.5	6.3
印度	7.1	6.7	7.4	7.8	7.3	7.5	7.5	7.6
俄罗斯	−0.2	1.5	1.7	1.5	1.5	1.8	1.7	1.7
巴西	−3.5	1.0	2.3	2.5	2.4	2.5	2.4	2.7
南非	0.3	1.3	1.5	1.7	1.4	1.8	1.9	2.3

注：2016年、2017年数据来自IMF。
资料来源：IMF，The World Economic Outlook, Apr. 2018; World Bank, The Global Economic Prospects, Jan. 2018; United Nations, The World Economic Situation and Prospects, mid-2018。

终达到产能限制并产生通胀压力之前不断扩大需求范围。

经济面临的下行风险如下：

1. 金融脆弱性

近期数据显示，投资者增加了高风险资产的投资，同时发达经济体债券指数中投资等级评级较低的公司所占比例显著增加，一些新兴市场的公司债务仍然很高，部分高度依赖传统银行业务关系之外的资金来源。在这些背景下，信用风险可能会在中期增加，并暴露出金融脆弱性。

由于美国减税政策推动的经济加快增长，可能推高通胀水平，进而使得美国货币政策收缩速度快于预期，并产生负面的国际溢出效应。

各国及国际上金融监管的放松可能会促进过度承担风险，对全球金融稳定产生负面影响。

如果加密资产继续快速增长，并吸引更多大型机构投资者，这将加大其与更广泛的金融体系的联系，并可能产生新的金融稳定风险来源。在此背景下，网络安全漏洞和对金融架构的网络攻击可能破坏国际支付系统并扰乱商品和服务的流动。

2. 贸易保护

由于贸易局势持续紧张以及一些发达经济体对全球经济一体化的支持逐渐减弱，全球经济增长不确定性和下行风险将增加。在2018年上半年，美国对各种进口产品征收关税，促使贸易伙伴采取报复措施。与此同时，北美自由贸易协定、英国与欧盟其他国家之间的经济安排正在重新谈判。贸易紧张局势的升级可能会破坏商业和金融市场的情绪，从而削弱投资和贸易。除了对市场情绪的直接影响之外，贸易措施的激增可能会增加贸易的不确定性，从而阻碍投资，而较高的贸易壁垒将使可贸易商品的价格上升、扰乱全球供应链、减缓新技术研发，从而降低生产力并削弱全球潜在增长动力。

3. 非经济因素

地缘政治紧张局势给全球中期前景蒙上阴影，特别是在东亚和中东。政治不确定性也将影响改革的实施，包括即将举行选举的国家（如巴西、哥伦比亚、意大利和墨西哥）。治理薄弱和大规模腐败也可能破坏人们对改革的信心和民众支持，从而对经济活动造成损害。

（三）2018年经济政策展望

为维持目前的发展势头，不同经济体的政策选择各不相同。

1. 发达经济体

紧密跟踪经济变化从而决定货币政策正常化的进程。发达经济体经济增长降低了失业率、缩小了产出缺口。在2016年6月英国脱欧公投导致货币贬值后，通胀水平已超过目标值，需要逐步收紧货币政策以确保通胀回归政策目标。同样，美国的失业率已接近20世纪90年代的最低点，财政政策将进一步刺激经济增长，因此可能需要加快收紧货币政策。然而，在大多数发达经济体中，名义工资增长和核心通胀仍然受到抑制，可能仍需要持续的宽松货币政策，例如欧元区和日本。

利用复苏机会为财政政策提供空间。在财政空间很小的国家，例如意大利、西班牙，有必要逐步加强财政缓冲，致力于提升潜在产出增长、保持主权债务可持续性。拥有财政空间的国家，如德国，应通过提高劳动力技能和改善基础设施从而提高潜在产出。日本应避免财政支持的过早下降。美国应着力于保障收入与改善支出。

提高金融体系抵御冲击的能力。金融危机后的监管提高了金融体系稳健性，不过还需要进一步改进。欧元区应持续减少不良贷款、提高银行的成本效率和盈利能力；日本应增加银行多样化的收入来源；美国应该避免过快放松管制，尤其是对大型银行的限制，从而保持金融体系稳定。

采用结构性政策促进潜在增长。美国应增加基础设施、提高教育支出的效率；日本应改革劳动力市场以提高劳动生产率并降低准入壁垒以吸引更多的私人投资；欧元区应提高生产力、加强创新以及缩小竞争差异。

2. 新兴经济体

根据实际情况采取不同的周期性政策。巴西和印度货币政策框架调整降低了通胀预期；而阿根廷和土耳其的通货膨胀仍然高于央行目标，需要采取较紧缩的货币政策。印度最近未能实现预算的赤字目标，应进一步加强财政政策的可信度。

增加财务弹性。印度的企业债务积压和银行业信贷质量下降，需进一步优化银行重组计划；土耳其的当务之急是限制资产负债表货币错配和外汇风险，尤其是在美国和英国货币政策正常化的过程中。

促进潜在产出增长。与2000年以来的增长率相比，许多新兴市场经济体的中期前景相对较弱。新兴经济体应继续推进改革促进经济增长，例如改善基础设施；减少关键部门的进入壁垒，包括运输和电信；提高政府支出的效率；减少政策不确定性以吸引私人投资；提高教育质量。

3. 低收入发展中国家

这些国家普遍需要改善财务状况，确保贫困和不平等情况继续改善，提升财务弹性，减少昂贵的公共救助，减少不良贷款的累积，允许汇率灵活性同时利用储备来平息过度波动从而抵御外部冲击、增加经济多样性、进行治理改革、防止气候冲击。

4. 多边合作

各国应继续加强合作，采取多边政策，维护全球经济金融稳定。首先，应继续坚持基于规则的多边贸易体系，从而继续促进全球创新、提升生产力和扩大商品和服务的多样性。其次，应继续致力于维持全球金融稳定，完善监管改革、打击跨境洗钱。最后，应设计多边合作税收制度，从而缓解全球一体化中财富水平的高度不平等。

二、全球金融格局

（一）主要金融资产

1. 全球股市资产

全球股票市值增长强劲。根据世界交易所联盟（WFE）统计，2017年末全球主要证券交易所的股票市值82.51万亿美元，较2016年末上升17.9%。

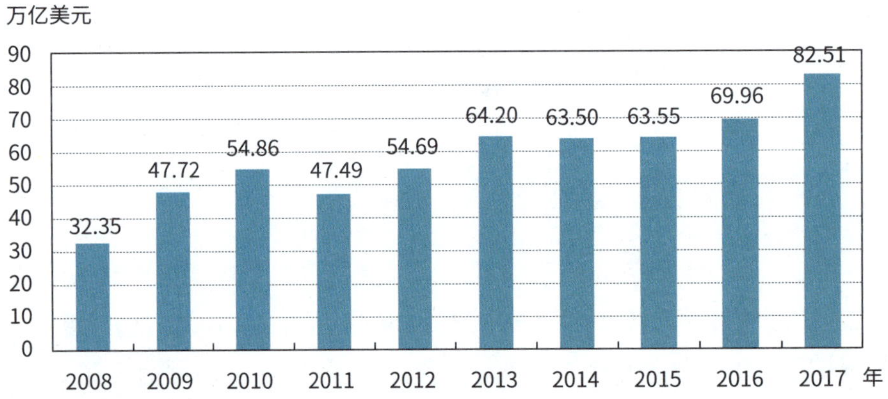

数据来源：世界交易所联盟网站www.world-exchanges.org。

图1-1　2008年至2017年末全球股票市值

表1-2　部分经济体金融部门向其所有非金融部门提供的信贷余额及其占GDP比例

单位：10亿美元、%

	2014年		2015年		2016年		2017年	
	余额	占比	余额	占比	余额	占比	余额	占比
美国	43 521	249.7	45 044	248.6	46 870	251.7	48 703	251.2
欧元区	33 181	268.9	30 574	267.2	30 166	265.4	34 616	258.3
英国	7 757	270.9	7 490	267.4	6 850	284.7	7 783	283.3
日本	15 923	370.7	16 067	363.6	17 091	371.6	18 115	373.1
新加坡	792	265.4	800	270.9	830	280.5	967	288.9
中国香港	983	337.7	1 066	344.6	1 129	351.7	1 272	373.6
中国	23 384	225.7	25 818	243.3	27 289	255.3	32 448	255.7
印度	2 438	126.1	2 597	128.3	2 722	124.4	3 197	124.3
巴西	2 901	133.1	2 248	148.5	2 867	149.1	3 003	151.7
俄罗斯	1 162	87.6	1 013	90.2	1 169	82.9	1 287	81.0
南非	390	118.8	324	124.9	396	124.7	476	125.9

资料来源：BIS。

2. 国内信贷资产

近些年，各主要经济体国内信贷增长受本国经济增长的影响而有所差异。从国内信贷占GDP比例来看，2017年日本和中国香港均高达373%，为最高的两个国家和地区。从占比变化看，中国香港较上年上升21.9个百分点，而中国仅上升0.4个百分点。

3. 跨境权益与负债

据BIS统计，2017年末全球跨境权益总头寸为29.2万亿美元，负债为26.3万亿美元，分别比2016年末增加2.1万亿美元和1.8万亿美元。从货币构成来看，主要是美元，权益头寸为14.3万亿美元，负债头寸为13.3万亿美元；其次是欧元，权益头寸为8.4万亿美元，负债头寸为7.6万亿美元。从跨境头寸的工具来看，主要是贷款，权益和负债头寸分别为19.8万亿美元和20.5万亿美元；其次为债券，权益和负债头寸分别为6.1万亿美元和3.5万亿美元。从跨境头寸和国内信贷比较来看，英国、美国、中国香港、新加坡的金融业外向型程度较高。

表1-3 部分经济体跨境权益和负债余额

单位：10亿美元

	权益			负债		
	2015年	2016年	2017年	2015年	2016年	2017年
美国	2 656.5	2 729.5	2 810.9	3 296.2	3 287.1	3 463.4
英国	4 541.4	4 407.8	5 064.6	4 587.4	4 372.1	4 997.2
日本	3 172.1	3 454.7	3 585.4	1 213.7	1 341.1	1 280.3
新加坡	715.5	693.1	774.5	681.4	664.4	736.9
中国香港	1 254.7	1 351.5	1 486.4	1 004.5	1 070.4	1 186.7
中国	739.2	893.6	997.7	948.8	980.1	1 278.9
印度	42.2	41.2	61.3	151.6	158.0	176.9
巴西	86.2	81.5	78.3	145.9	131.7	127.3
俄罗斯	245.8	215.0	202.3	169.8	170.1	156.9
南非	50.2	42.5	47.1	43.8	37.5	41.2

资料来源：BIS。

表1-4 部分经济体境内外债券余额

单位：10亿美元

	2012年	2013年	2014年	2015年	2016年	2017年
美国	33 545	34 508	35 958	36 924	38 100	39 336
英国	5 929	5 851	6 170	5 890	5 427	6 024
日本	14 719	12 349	11 178	11 240	12 032	12 666
欧元区	22 016	22 623	19 957	17 983	17 539	19 893
新加坡	295	331	349	322	326	412
中国香港	256	308	349	379	412	484
中国	4 294	4 961	5 835	7 753	9 409	11 757
俄罗斯	438	506	372	352	423	491

资料来源：BIS。

4. 债券资产

近年来，多数经济体国内外债券余额保持增长，如美国、中国、中国香港等；欧元区、日本、英国等经济体债券余额则触底回升。

国际债券市场未清偿余额基本平稳。按发行人居住地划分，国际债券市场主要由英美两国占据主导地位，其他国家占比均较低。

（二）国际主要币种

当前的国际货币体系是以美元为主导，欧元、英镑、日元、瑞士法郎等货币并存的多元化格局。

1. 各主要货币稳定比较

一国货币要获得稳定的国际地位，需要对外和对内都保持币值稳定，具体表现为货

表1-5　部分经济体国际债券未清偿余额

单位：10亿美元、%

	2014年		2015年		2016年		2017年	
	余额	占比	余额	占比	余额	占比	余额	占比
美国	2 133	33.75	2 272	36.08	2 347	37.25	2 430	34.95
英国	3 231	51.12	3 039	48.26	2 868	45.52	3 183	45.79
日本	234	3.71	253	4.02	300	4.76	395	5.68
新加坡	115	1.82	111	1.77	119	1.88	146	2.10
中国香港	200	3.16	220	3.50	228	3.62	294	4.22
中国	84	1.33	100	1.59	140	2.22	193	2.78
印度	27	0.43	31	0.49	35	0.55	42	0.60
巴西	155	2.45	136	2.17	128	2.03	127	1.83
俄罗斯	112	1.77	104	1.65	105	1.66	107	1.53
南非	29	0.47	30	0.48	32	0.51	34	0.50
合计	6 320	100.00	6 296	100.00	6 302	100.00	6 952	100.00

资料来源：BIS。

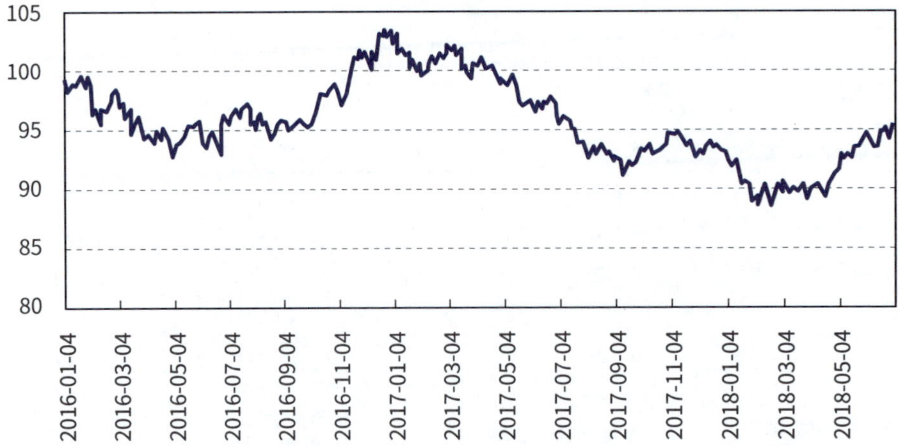

数据来源：万得。

图1-2　2016年1月1日至2018年6月30日美元指数

币汇率稳定和通胀率较低，其中货币汇率稳定对一国货币的国际地位影响较大。

（1）各主要货币汇率比较

先比较各主要货币汇率的走势。

在经历了2016年高位震荡后，美元指数2017年从高位回落，2018年上半年有所回升。

2017年欧元区复苏相对强劲，欧元持续走强，2018年上半年有所回落。

2017年至2018年上半年，日本货币政策框架保持不变，经济平稳运行，因此日元汇率保持稳定。

2017年英国经济复苏相对强劲，英镑持续走强，2018年上半年有所回落。

2017年主要新兴经济体经济增长存在差异，汇率走势也不同。2017年中国和印度货币较美元升值，而其他主要新兴经济体货币较美元保持稳定。2018年上半年美国经济持

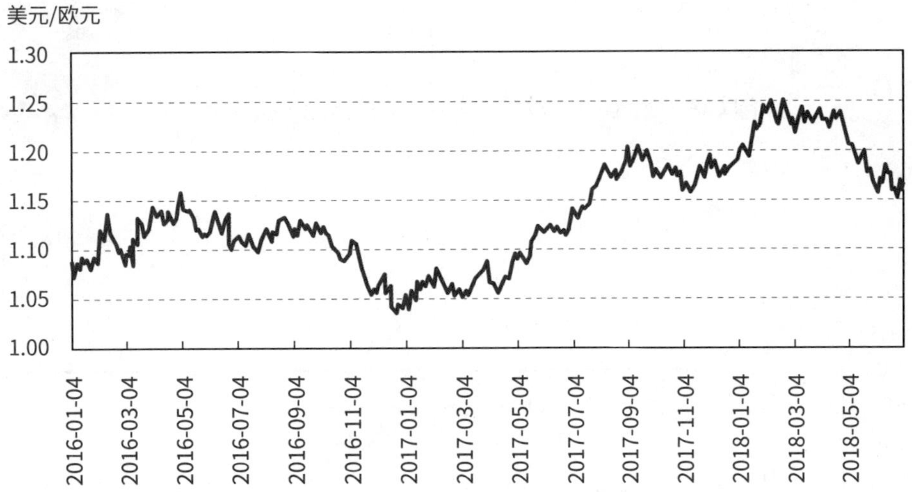

数据来源：万得。

图1-3　2016年1月1日至2018年6月30日欧元汇率

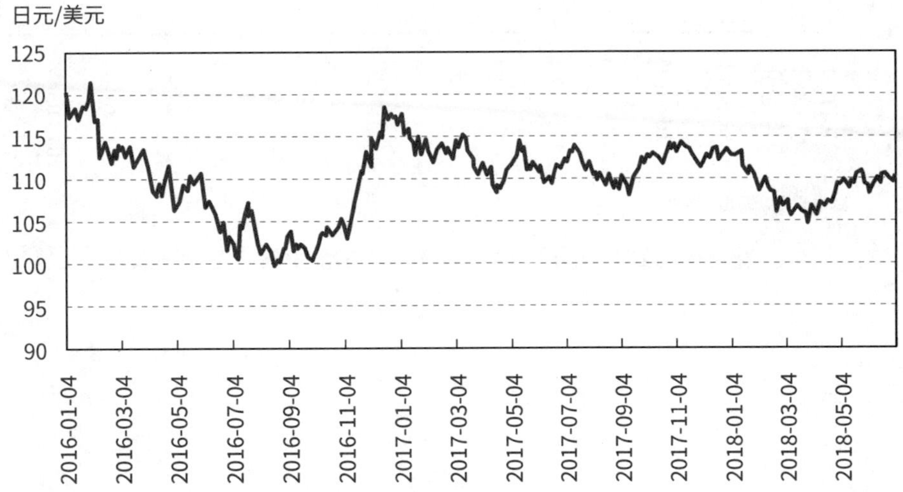

数据来源：万得。

图1-4　2016年1月1日至2018年6月30日日元汇率

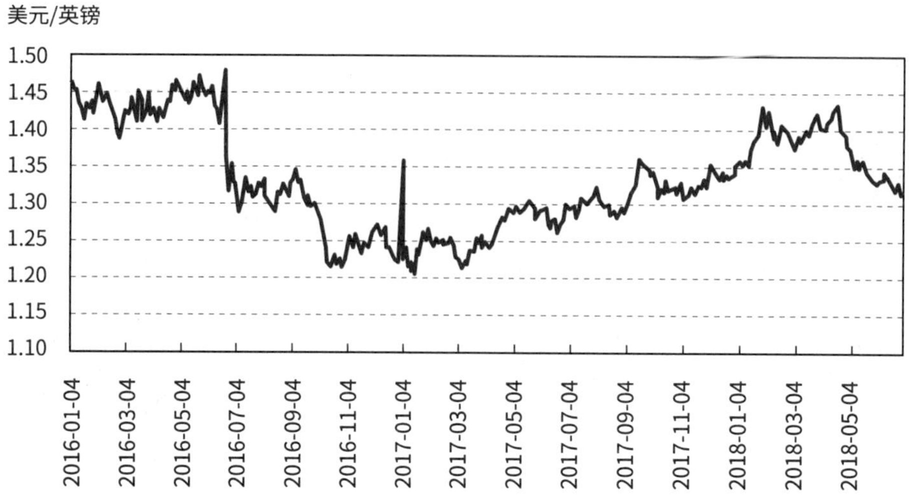

数据来源：万得。

图1-5　2016年1月1日至2018年6月30日英镑汇率

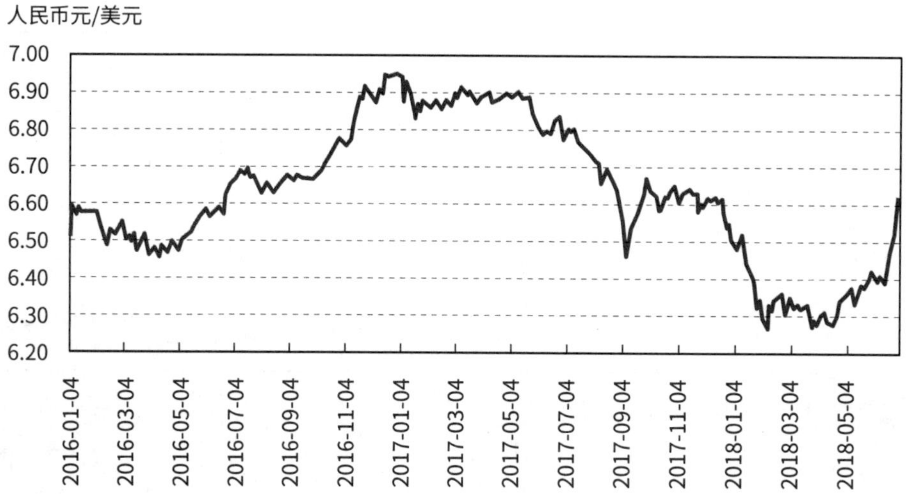

数据来源：万得。

图1-6　2016年1月1日至2018年6月30日人民币汇率

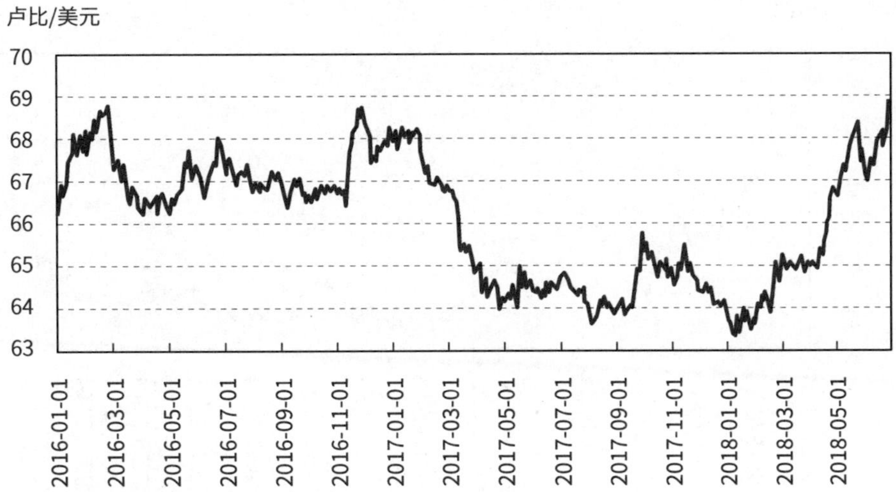

数据来源：万得。

图1-7　2016年1月1日至2018年6月30日印度卢比汇率

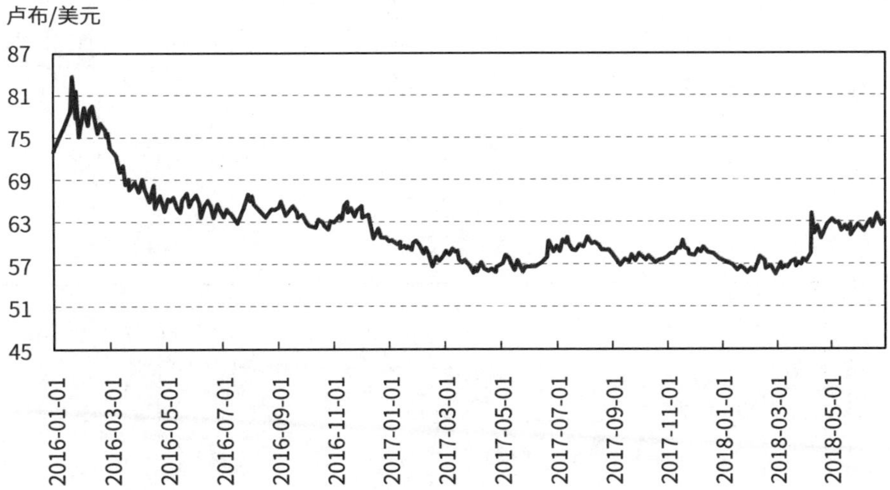

数据来源：万得。

图1-8　2016年1月1日至2018年6月30日俄罗斯卢布汇率

数据来源：万得。

图1-9　2016年1月1日至2018年6月30日巴西雷亚尔汇率

续走强，部分新兴经济体货币较美元出现了不同程度的贬值。

（2）各经济体通胀率比较

2017年年初至2018年上半年，美国、英国等发达经济体由于经济持续复苏，消费者价格同比涨幅上行至通胀目标水平附近及以上，而日本经济复苏较弱仍存在通缩压力。主要新兴经济体通胀水平走势分化，印度通胀水平明显上升，中国通胀水平小幅上升，而俄罗斯、南非和巴西通胀水平有不同程度的下降。

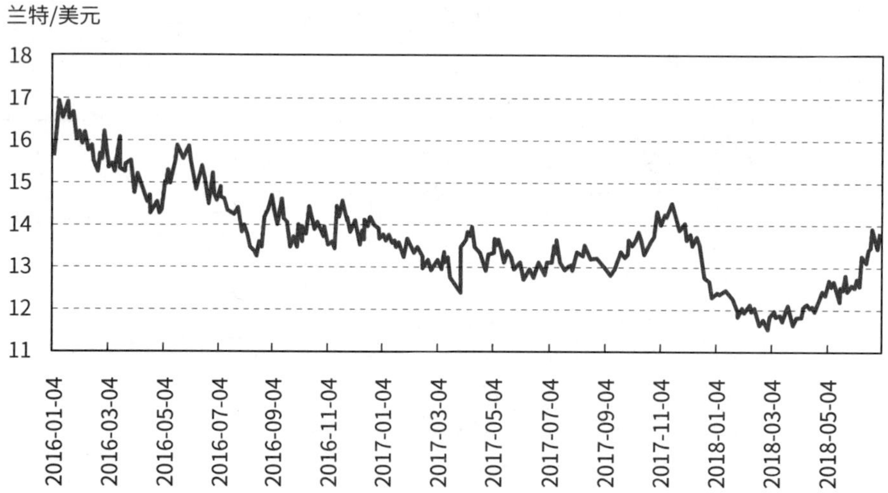

数据来源：万得。

图1-10　2016年1月1日至2018年6月30日南非兰特汇率

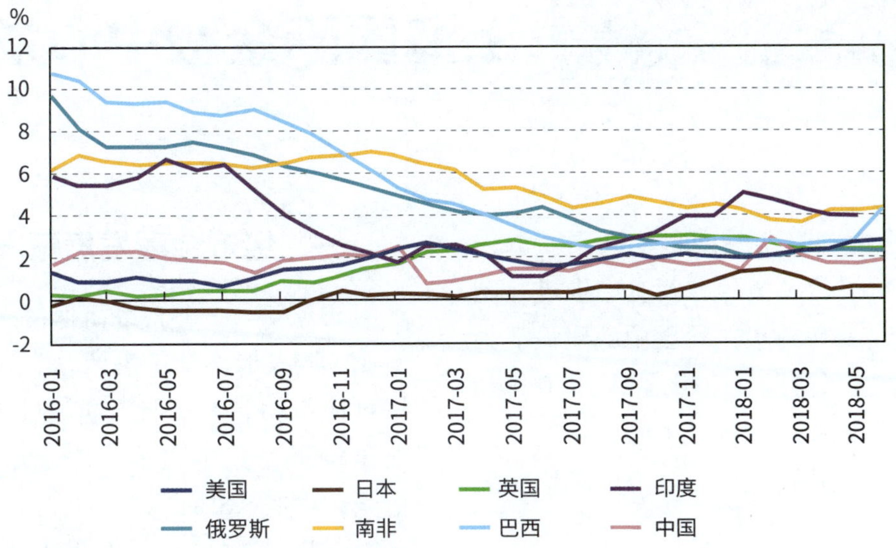

数据来源：万得。

图1-11　2016年1月至2018年6月部分经济体消费者价格指数

2. 全球外汇储备币种构成

2017年末，全球官方外汇储备11.4万亿美元，比2016年末的10.7万亿美元略有增加。2017年末可识别货币占比为87.6%，其中美元、欧元是全球最主要的储备货币，分别占62.72%和20.15%；人民币占比为1.22%，较2016年的1.08%有所上升。

表1-6　全球可识别官方外汇储备币种构成

单位：%

	2010年	2011年	2012年	2013年	2014年	2015年	2016年	2017年
美元	62.14	62.59	61.47	61.24	65.14	65.72	65.34	62.72
欧元	25.71	24.40	24.05	24.20	21.20	19.14	19.13	20.15
人民币							1.08	1.22
日元	3.66	3.61	4.09	3.82	3.54	3.75	3.95	4.89
英镑	3.94	3.83	4.04	3.98	3.70	4.71	4.34	4.54
澳元			1.46	1.82	1.59	1.77	1.69	1.80
加拿大元			1.42	1.83	1.75	1.77	1.94	2.02
瑞士法郎	0.13	0.08	0.21	0.27	0.24	0.27	0.16	0.18
其他货币	4.43	5.49	3.26	2.84	2.83	2.86	2.37	2.49

资料来源：IMF, Currency Composition of Official Foreign Exchange Reserves (COFER)。

第二章
上海国际金融中心发展情况

2017年，上海国际金融中心建设不断取得进展，自贸试验区金融创新有序推进，金融服务“一带一路”建设、科创中心建设能力继续提升，金融风险防范和化解工作不断加强，上海市委、市政府印发《关于做好新时代上海金融工作　加快建设国际金融中心的实施意见》。

金融市场加快开放创新。内地与香港债券市场互联互通合作上线试运行。人民币跨境支付系统（CIPS）二期建设加快推进。包括企业、银行、主权国家等多元主体在交易所、银行间债券市场发行熊猫债券等，助力“一带一路”建设。中国信托登记公司信托登记系统上线运行，上海票据交易所完成电子商业汇票系统（ECDS）移交切换，上海保险交易所财险共保交易结算平台上线。金融机构持续集聚。中央国债登记结算公司上海总部、担保品业务中心揭牌，上海关键收益率（SKY）发布。中国农业发展银行上海资金交易中心落户。上海科创中心股权投资基金管理公司揭牌成立。金融发展环境进一步优化。中央全面深化改革委员会审议通过《关于设立上海金融法院的方案》。金融人才服务工作力度加大，发布2017中国（上海）金融人才指数。

积极参与国际金融规则制定。全球中央对手方协会（CCP12）在上海发布首个清算行业国际标准。发布全国首张自贸试验区金融服务业对外开放负面清单指引，自由贸易账户主体范围进一步拓展。

一、经济金融发展概况

2017年，上海市经济保持平稳增长，二三产业协同发展。全年生产总值30 133.86亿元，按可比价格计算，比上年增长6.9%，增速与上年持平。其中，第二产业增加值9 251.40亿元，增长5.8%；第三产业增加值20 783.47亿元，增长7.5%，占全市生产总值的比重为69.0%。全社会固定资产投资总额增长7.3%，社会消费品零售总额增长8.1%，货物进出口总额增长12.5%。居民消费价格涨幅回落。全年居民消费价格上涨1.7%，涨幅比上年回落1.5个百分点。

上海金融业在支持经济社会发展的同时，自身也取得较快发展，总体保持稳健运行态势。2017年金融业实现增加值5 330.54亿元，比上年增长11.8%，占全市GDP的比重为17.7%，占全国金融业增加值的比重为8.1%，居全国城市之首。全市持牌金融机构1 537家，外资金融机构占比近30%。全市本外币各项存款余额112 461.74亿元，比上年增长1.8%；本外币各项贷款余额67 182.01万亿元，比上年增长12%。2017年上海金融市场交易总额1 428.44万亿元，比上年增长5.3%；金融市场直接融资总额7.6万亿元，占全国直接融资总额的85%。

上海市金融业从业人员数量和职工平均工资呈稳步增长态势。

表2-1 上海市经济金融基本情况

项目	2013年	2014年	2015年	2016年	2017年
国内生产总值（亿元）	21 818.15	23 567.70	24 964.99	27 466.15	30 133.86
其中：金融业增加值（亿元）	2 823.81	3 400.41	4 052.23	4 762.50	5 330.54
全社会固定资产投资（亿元）	5 647.79	6 016.43	6 352.70	6 755.88	7 246.60
一般公共预算收入（亿元）	4 109.51	4 585.55	5 519.50	6 406.13	6 642.26
一般公共预算支出（亿元）	4 528.61	4 923.44	6 191.56	6 918.94	7 547.62
社会消费品零售总额（亿元）	8 052.00	8 718.65	10 055.76	10 946.57	11 830.27
居民消费价格指数（以上年为100）	102.3	102.7	102.4	103.2	101.7
进出口总额（亿美元）	4 413.98	4 666.22	28 060.88	28 664.37	32 237.82
其中：进口（亿美元）	2 371.54	2 563.45	15 832.33	16 558.92	19 117.51
出口（亿美元）	2 042.44	2 102.77	12 228.56	12 105.45	13 120.31
常住人口（万人）	2 415.15	2 425.68	2 415.27	2 419.70	2 418.33
居民人均可支配收入（元）	43 851	47 710	49 867	54 305	58 988

注：自2015年起，上海市货物进出口总额、进口和出口的单位均调整为亿元。
数据来源：上海统计年鉴和统计公报。

表2-2 上海市金融业从业人员和职工平均工资

项目	2012年	2013年	2014年	2015年	2016年
从业人员（万人）	30.05	32.89	34.42	35.07	36.42
职工平均工资（元）	170 945	175 241	186 445	206 679	223 339

数据来源：上海统计年鉴。

二、金融服务业与金融机构

（一）银行业

截至2017年末，在沪银行业金融机构包括：5家中资法人商业银行、20家外资法人银行、14家村镇银行、70家中资银行分行（含一级分行、专营机构）、79家外资银行分行、7家金融资产管理公司分公司及代表处、7家信托公司、21家企业集团财务公司、10家金融租赁公司、7家汽车金融公司、2家货币经纪公司和2家消费金融公司，以及3 839个支行及以下营业网点。全市银行业从业人数为13.4万人。

2017年末，上海银行业金融机构资产总额为14.75万亿元，比上年增长2.29%，占全国的6.0%；各项存款余额比年初增加1 950.76亿元，各项贷款余额比年初增加7 199.76亿元；不良贷款余额为380.26亿元，比年初减少23.79亿元；不良贷款率为0.57%，比年初下降0.11个百分点，比全国银行业平均水平低1.33个百分点；全年累计实现净利润1 739.53亿元，比上年增长15.49%，比全国银行业净利润增长水平高9.93个百分点。

（二）证券期货业

截至2017年末，上海共有证券公司25家

表2-3　2017年上海市中外资金融机构本外币存贷款情况

单位：亿元

项目	绝对值	比年初增减额
各项存款余额	112 461.74	1 950.76
其中：住户存款	25 763.20	649.94
非金融企业存款	49 354.16	4 266.91
广义政府存款	15 110.97	499.42
非银行业金融机构存款	17 204.77	−4 550.42
各项贷款余额	67 182.01	7 199.76
其中：住户贷款	19 729.20	3 527.60
非金融企业及机关团体贷款	43 199.04	3 843.57
非银行业金融机构贷款	286.71	−47.20
人民币个人消费贷款	18 159.18	3 121.13
其中：住房贷款	12 720.89	1 579.03
汽车消费贷款	3 633.34	1 037.01

数据来源：2017年上海统计公报。

（包括8家证券公司下属的资产管理公司），占全国131家的19.08%；证券公司分公司106家，证券营业部736家。此外，还有证券投资咨询公司15家；境外证券类机构上海代表处56家。2017年末，上海证券公司总资产14 059.69亿元、净资产4 451.81亿元、净资本3 928.91亿元，同比分别增长7.17%、15.37%和8.91%。

截至2017年末，上海共有基金公司49家，占全国113家的43.36%；基金公司分支机构29家，基金公司专业子公司39家；基金评价机构3家，独立基金销售机构29家，基金第三方支付机构7家。上海基金公司管理公募基金1 772只，基金总净值35 215亿元，同比分别增长26.12%和26.09%。基金公司专户子公司管理资产31 074亿元，同比减少21.26%。此外，截至2017年末，在基金业协会完成登记的上海私募基金管理人共4 581家，占全国的20.41%；管理私募基金19 100只，占全国的28.76%；管理规模为24 860亿元，占全国的22.40%。

表2-4　上海证券公司经营情况

项目	单位	2017年		2016年	
		绝对数	同比增减（%）	绝对数	同比增减（%）
证券公司家数	家	25	0	25	8.7
全国占比	%	19.08	—	19.4	—
总资产	亿元	14 059.69	7.17	13 118.94	−12.6
净资产	亿元	4 451.81	15.37	3 858.68	11.4
净资本	亿元	3 928.91	8.91	3 607.43	15.7
营业收入	亿元	708.78	−1.2	717.15	−43.2
净利润	亿元	294.05	−2.5	301.58	−48.1

数据来源：上海证监局。

表2-5 上海基金公司经营情况

项目	单位	2017年		2016年	
		绝对数	同比增减（%）	绝对数	同比增减（%）
基金公司家数	家	49	6.5	46	2.2
全国占比	%	43.36	—	42.2	—
基金公司资产管理总规模	亿元	55 515.35	22.3	45 409.41	13.0
公募基金数量	只	1 772	26.12	1 405	34.7
公募基金总份额	亿份	32 678.86	23.6	26 439.79	15.6
公募基金总净值	亿元	35 215	26.09	27 929.14	7.0
基金公司当年新发基金数	只	366	0.3	357	-0.6

数据来源：上海证监局。

表2-6 上海期货公司经营情况

项目	单位	2017年		2016年	
		绝对数	同比增减（%）	绝对数	同比增减（%）
期货公司家数	家	33	0	33	6.5
全国占比	%	22.15	—	21.7	—
总资产	亿元	1 475.85	−6.53	1 578.92	13.4
净资产	亿元	247.83	19.31	207.72	19.2
净资本	亿元	205.04	16.0	176.77	23.0
客户权益	亿元	1 179.42	−11.3	1 329.25	21.32
净利润	亿元	21.83	19.0	18.34	24.6

数据来源：上海证监局。

截至2017年末，上海共有期货公司33家，占全国149家的22.15%；期货分公司32家、营业部132家；期货公司资产管理子公司3家。上海期货公司总资产（含客户权益）1 475.85亿元，同比下降6.53%，净资产247.83亿元，同比增长19.31%。

（三）保险业

截至2017年末，上海共有55家法人保险机构，其中保险集团1家、财产险公司20家（其中自保公司1家）、人身险公司24家、再保险公司3家、资产管理公司7家；共有101家省级保险分支机构，其中，财产险分公司50家、人身险分公司49家、再保险分公司2家。全市共有225家保险专业中介法人机构，其中，保险代理机构110家、保险经纪机构73家、保险公估机构42家。上海具有全国唯一的保险要素交易市场——上海保险交易所，具有行业资金集中运用的枢纽平台——中保投资有限责任公司。上海还有涵盖数据后援、专业运营、资金运用和审计研发等功能性保险机构43家。

2017年末，上海保险公司总资产7 414.98亿元，较年初增长8.49%。在沪55家保险法人机构资产合计为2.74万亿元，占全国保险业资产总数的16.36%；225家保险专业中介法人机构资产合计为70.93亿元，占全国保险专业中介资产总数的10.77%。注册在上海的7家保险资产管理公司合计受托资产6.04万亿元，占全国保险资产管理公司合计受托资产总数的51.59%；3家在沪养老保险总公司企业年金受托管理资产约3 200亿元，占全国的总数过半。

2017年，上海市原保险保费收入累计1 587.10亿元，比上年增长3.78%。其中，财产险公司原保险保费收入482.67亿元，比上年增长17.5%；寿险公司原保险保费收入1 104.43亿元，比上年下降1.3%。产、寿险公司原保险保费收入比例为30∶70。中、外资保险公司原保险保费收入比例为85∶15。上海未计入保险合同核算的保户储金及投资款和独立账户余额2 012.78亿元，较年初下降0.90%。

2017年，上海市保险赔付支出累计548.93亿元，比上年增长3.81%。其中，财产险赔款支出233.81亿元，增长5.06%；寿险给付237.08亿元，减少3.57%；健康险赔款给付62.86亿元，增长25.83%；意外险赔款支出15.17亿元，增长45.80%。上海保险业共提供风险保障1 158.33万亿元，是上年同期的3.25倍。重点领域风险保障程度大幅提升，工程险提供风险保障8 879.44亿元，增长32.21%；企业财产险提供风险保障9.88万亿元，增长14.23%；船舶和货运险提供风险保障9万亿元，增长10.91%；为居民提供健康保障32.05万亿元，增长168.34%；侧重保障养老的年金保险金额达432.5亿元。

三、金融市场运行

（一）货币市场

2017年，银行间市场成交997.8万亿元，比上年增长3.9%。银行间本币市场成员21 561家，较上年末增加4 980家；银行间外汇市场会员645家，较上年末增加48家。

全年货币市场利率中枢明显上行后保持平稳，成交量微降。货币市场成交695.4万亿元，同比微降0.3%。其中，同业拆借成交79万亿元，下降17.7%，质押式回购成交588.3万亿元，增长3.5%，买断式回购成交28.1万亿元，下降14.9%。

表2-7　上海保险业运行基本情况

项目	2013年	2014年	2015年	2016年	2017年
保险公司数（家）	131	138	150	154	156
保险公司总资产（亿元）	4 155.35	5 854.10	7 211.15	6 834.82	7 414.98
原保险保费收入（亿元）	821.43	986.75	1 125.16	1 529.26	1 587.10
其中：财产险公司（亿元）	304.83	343.17	385.89	410.78	482.67
人身险公司（亿元）	516.60	643.58	739.27	1 118.48	1 104.43
保险赔付支出（亿元）	301.95	378.66	473.59	528.77	548.93
保险密度①（元/人）	3 401	4 068	4 659	6 319	6 563
保险深度②（%）	3.80	4.19	4.51	5.57	5.27

数据来源：上海保监局。

①保险密度=保费收入/常住人口。
②保险深度=保费收入/国内生产总值。

表2-8　货币市场交易情况

单位：万亿元

品种	2013年	2014年	2015年	2016年	2017年
同业拆借	35.5	37.7	64.2	95.9	79.0
债券回购	158.2	224.4	457.8	601.3	616.4
其中：质押式回购	152.0	212.4	432.4	568.3	588.3
买断式回购	6.2	12.0	25.4	33.0	28.1
合计	193.7	262.1	522.0	697.2	695.4

数据来源：中国外汇交易中心。

表2-9　2017年货币市场融资情况

单位：亿元

机构类型	拆借净额	回购净额	货币市场融资净额
政策性银行	−122 660.8	−1 075 853.0	−1 198 513.8
大型商业银行	−108 630.5	−727 296.3	−835 926.8
股份制商业银行	−64 170.2	−348 330.8	−412 500.9
境外机构	−4 934.6	−242.8	−5 177.3
其他	29 371.1	−26 108.4	3 262.8
保险公司	76.6	35 945.4	36 022.0
外资银行	2 295.5	49 185.2	51 480.6
投资产品	—	216 142.3	216 142.3
城市商业银行	121 927.6	338 715.9	460 643.5
基金	—	528 390.0	528 390.0
农村金融机构	26 735.4	544 353.1	571 088.6
证券公司	119 989.7	465 099.3	585 089.0

注：大型商业银行包括工商银行、农业银行、中国银行、建设银行、交通银行、邮政储蓄银行6家；股份制商业银行指除交通银行之外的股份制银行；保险公司包括保险公司、保险公司的资产管理公司、保险公司的保险产品；基金含基金公司、基金、社保基金、企业年金、基金公司的特定客户资产管理业务；投资产品包括信托公司的金融产品、证券公司的证券资产管理业务、商业银行资管、其他投资产品；境外机构包括境外银行、人民币合格境外机构投资者、境外保险公司、合格境外机构投资者；其他包括除上述会员类型外的所有类型。

数据来源：中国外汇交易中心。

票据市场方面，2017年上海票据交易所办理票据承兑业务14.63万亿元。其中，电子商业汇票承兑（以下简称电票）发生额为13.02万亿元，比上年增长51.75%。票据贴现业务7.16万亿元，其中，电票贴现为6.95万亿元，增长20.5%。票据交易52.18万亿元，其中电票交易51.4万亿元，增长4.51%。分交易类型看，转贴现44.48万亿元，下降2.89%；质押式回购6.92万亿元，增长104.9%。

（二）债券市场

2017年，银行间债券市场成交量下滑。全年银行间债券市场成交106.1万亿元，下降17.6%。其中，债券借贷成交3.3万亿元。分券种看，同业存单、政策性金融债和国债成交占比排名前三，市场占比分别为36.05%、32.49%和12.77%。

截至2017年末，上海证券交易所债券市

表2–10 2017年债券交易按券种类型、待偿期统计情况

单位：亿元、%

债券类型	成交金额	占比	待偿期分类	成交金额	占比
同业存单	370 736.73	36.05	0~1 年期	563 900.99	54.84
政策性金融债	334 146.33	32.49	1~3 年期	176 512.51	17.16
国债	131 269.42	12.77	3~5 年期	99 472.00	9.67
中期票据	63 460.84	6.17	5~7 年期	35 500.53	3.45
超短期融资券	51 255.28	4.98	7~10 年期	135 954.16	13.22
企业债	26 812.38	2.61	10~15 年期	11 928.43	1.16
其他	18 542.59	1.80	15~30 年期	4 500.51	0.44
短期融资券	15 135.00	1.47	30年以上	582.59	0.06
定向工具	8 621.71	0.84	总计	1 028 351.72	100
二级资本工具	3 205.95	0.31			
资产支持证券	1 442.18	0.14			
外国地方政府人民币债券	995.88	0.10			
证券公司短期融资券	619.74	0.06			
金融租赁公司金融债	556.30	0.05			
项目收益债券	505.78	0.05			
资产管理公司金融债	426.49	0.04			
汽车金融公司金融债	181.37	0.02			
保险公司资本补充债	148.04	0.01			
绿色债务融资工具	122.75	0.01			
外国主权政府人民币债券	47.17	0.00			
资产支持票据	43.88	0.00			
项目收益票据	25.97	0.00			
其他金融债	22.18	0.00			
国际开发机构债	12.20	0.00			
财务公司债	11.68	0.00			
集合票据	3.78	0.00			
信用联结票据	0.10	0.00			
总计	1 028 351.72	100			

数据来源：中国外汇交易中心。

场总成交247.3万亿元，日均成交1.01万亿元，较上年增长10.1%。其中，现货成交4.4万亿元，日均成交182亿元，增长1.4%。回购成交242.9万亿元，日均成交1.0万亿元，增长10.2%。债券现货挂牌数10 386只，增加2 309只，增幅28.59%，债券托管量7.4万亿元，增长19.43%。债券融资 1.49万亿元，下降41.53%。

（三）股票市场

截至2017年末，在上海证券交易所上市的公司达1 396家，上市证券共12 219只，各类证券成交总额306.4万亿元，其中，沪市股票总市值33.1万亿元，股票现货全年累计成交51.1万亿元，日均成交2 095.26亿元，当年累计筹资7 578亿元，其中，IPO筹资1 377亿元，增长

35.4%，IPO家数214家，增长108%，连续两年创历史新高。上海证券交易所的股票成交额、筹资总额、市价总值在全球交易所中排名分别为第5位、第4位、第4位。

上海证券交易所市场共有交易所交易基金（ETF）产品87只，市值规模1 687亿元，占沪深两市ETF总市值的79%，占上交所上市基金总市值的52%。上交所ETF产品2017年累计成交1.1万亿元，占沪深两市ETF总成交的87%，占上交所基金市场总成交的14%。2017年，上交所基金市场产品总数达到202只，新增44只。权益类基金产品规模和黄金ETF交易稳步增长。权益类基金产品（包括股票ETF和跨境ETF）市值和成交额同比分别增长10%和38%。黄金ETF交易量达3 148亿元，增长163%。上交所基金市场产品布局基本完

表2-11 上海证券市场情况

市场概况	2017年	2016年
上市证券（年末）		
上市公司数（家）	1 396	1 182
上市证券数（只）	12 219	9 647
上市股票数（只）	1 440	1 226
新上市公司数（家）	214	103
发行股本（亿股）	35 288.35	32 707.76
非限售股股本（亿股）	31 119.45	29 372.25
市价总值（亿元）	331 324.82	284 607.63
流通市值（亿元）	281 365.67	240 006.24
筹资总额（亿元）		
股票（亿元）	7 578.06	8 056.45
优先股（亿元）	200	1 378
交易概况		
交易天数（天）	244	244
成交金额		
合计(亿元)	3 063 862.43	2 838 724.47
股票(亿元)	511 242.79	501 700.42
基金(亿元)	78 169.76	89 359.77
债券(亿元)	2 473 417.83	2 247 175.21
优先股(亿元)	138.91	45.19
期权(亿元)	893.14	431.89
其他(亿元)	0.00	12.00
日均成交金额（亿元）	12 556.81	11 634.12
日均股票成交金额（亿元）	2 095.26	2 056.15
全年股票成交数量（亿股）	44 500.24	45 718.62
日均股票成交数量（亿股）	182.38	187.37
全年股票成交笔数（万笔）	240 178.48	238 318.84
日均股票成交笔数（万笔）	984.34	976.72

数据来源：上海证券交易所。

成，标的资产覆盖较为全面。在上交所上市的上证50ETF、沪深300ETF和中证500ETF等股票型ETF，为国企改革提供示范性方案的上海国企ETF，标普500、纳斯达克100、德国DAX30、H股、海外中概互联网等跨境ETF，适合大类资产配置的黄金ETF和债券ETF，发挥场内资金“零钱包”功能的上市货币基金，独具特色的南方原油上市型开放式基金（LOF）、美元债LOF、创新封闭式债券基金和定增封闭基金等一系列产品，已成为国内上市基金的主流品种和投资者资产配置的重要工具。

（四）外汇市场

2017年末，人民币对美元显著升值，年末中间价报6.5342，较上年末升值6.16%；交易汇率收于6.5120，较上年末升值6.72%。由于货币篮子中欧元、日元等比重较大的货币对美元有不同程度升值，人民币有效汇率保持了相对稳定，CFETS人民币汇率指数收于94.85，较上年末略涨0.02%。

2017年，银行间外汇市场成交量保持稳步增长，全年共成交182万亿元人民币，比上年增长46.5%。其中，人民币外汇市场、外币对市场、外币拆借市场分别成交137.1万亿元、0.8万亿元和44.0万亿元。

（五）黄金市场

2017年，上海黄金交易所国际地位进一步提升，黄金交易量在全球场内黄金市场居第二位。各品种总交易额19.52万亿元，比上年增长11.93%。其中，黄金成交量5.43万吨，增长11.54%，成交额14.98万亿元，增长14.98%；白银成交量115.53万吨，增长3.37%，成交额4.54万亿元，增长2.98%；铂金成交量43.15吨，下降18.49%，成交额95.38亿元，下降18.77%。上海黄金交易所国际业务板块推出以来累计成交金额3.62万亿元，其中，黄金累计成交量1.38万吨，成交金额3.58万亿元；白银累计成交量1.21万吨，成交金额462.33亿元。

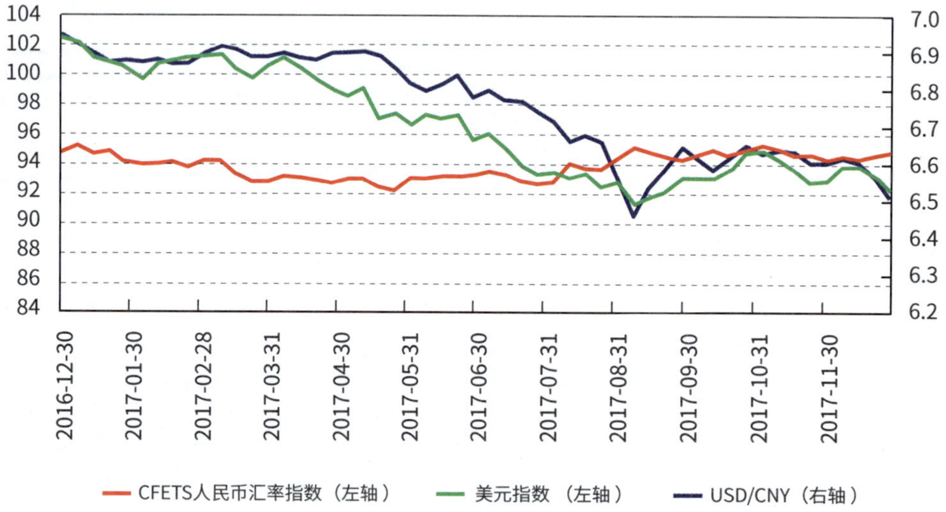

图2-1　人民币汇率指数、对美元汇率及美元指数走势

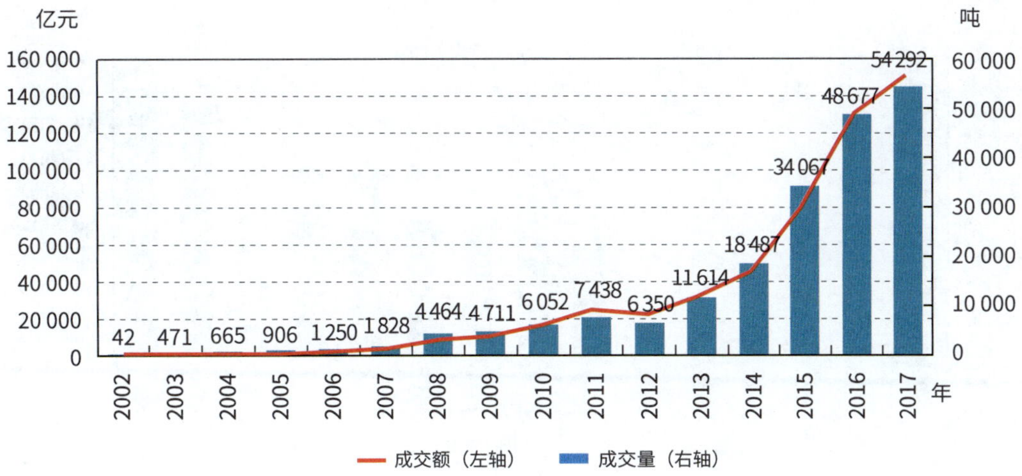

数据来源：上海黄金交易所年报。

图2-2　上海黄金交易所黄金成交量和成交金额

表2-12　2017年上海黄金交易所黄金竞价、询价和定价成交情况

项目	成交量	增长（%）	成交金额	增长（%）
竞价	3.02万吨	-0.85	8.32万亿元	2.15
询价	2.29万吨	29.28	6.3万亿元	33.55
上海金 (定价)	1 262.74吨	—	3 475.53亿元	—
总计	5.43万吨	11.54	14.98万亿元	14.98

数据来源：上海黄金交易所2017年年报。

2017年，上海黄金交易所黄金竞价市场成交量3.02万吨，微降0.85%，成交金额8.32万亿元，增长2.15%。黄金询价市场成交量2.29万吨，增长29.28%，成交金额6.3万亿元，增长33.55%。黄金定价市场成交量1 262.74吨，日均成交量5.18吨，增长58.2%，成交额3 475.53亿元，日均成交额14.24亿元，增长59.61%。

2017年上海黄金交易所资金清算量37 516亿元，日均清算量153亿元，增长6.96%。其中，自营资金清算量24 780亿元，增长4.84%；会员代理12 736亿元，增长11.36%。实物入库量共计为3 970.29吨，下降1.99%。出库量共计3 792.94吨，上升9.87%。

（六）期货市场

1. 商品期货市场

2017 年，上海商品期货市场成交规模有所下降，累计成交量为13.64亿手，下降18.83%，占中国商品期货市场成交量的比重为44.35%；累计成交额为89.93万亿元，增长5.83%，占中国商品期货市场成交额的比重为47.86%。

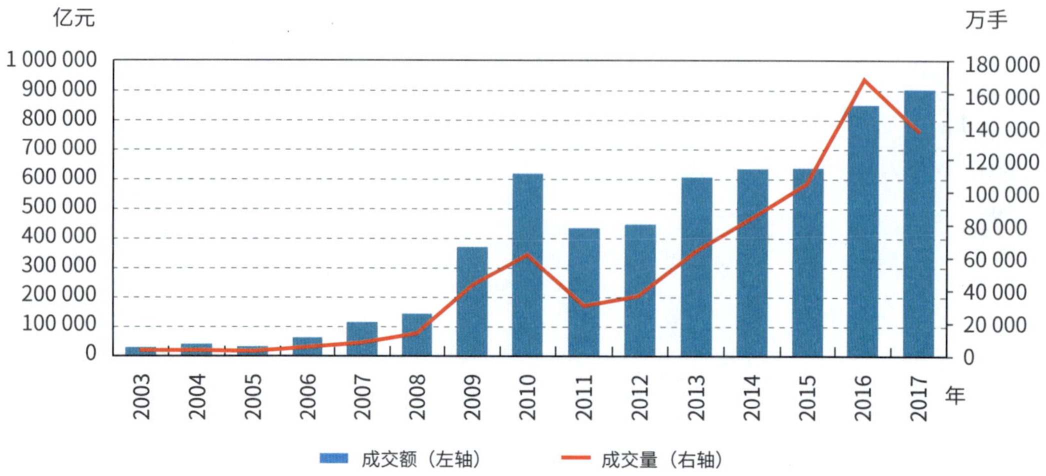

数据来源：上海期货交易所、中国期货业协会。

图2–3　2003～2017年上海商品期货市场成交量与成交额

表2–13　2017年上海商品期货市场交易情况

品种	成交量（手）		同比（%）	占全国比重（%）	成交金额（亿元）		同比（%）	占全国比重（%）
	当年累计	上年同期累计			当年累计	上年同期累计		
铜	54 100 135	72 394 915	−25.27	1.77	133 874.35	138 872.04	−3.60	8.20
铝	65 423 439	44 391 785	47.38	2.14	49 264.73	27 547.66	78.83	3.02
锌	91 449 266	73 065 922	25.16	3.00	107 026.20	62 985.07	69.92	6.55
铅	12 509 166	4 561 200	174.25	0.41	11 555.29	3 981.09	190.25	0.71
锡	2 083 571	3 168 348	−34.24	0.07	3 013.70	3 768.84	−20.04	0.18
镍	74 154 526	100 249 941	−26.03	2.43	65 029.79	77 530.96	−16.12	3.98
黄金	19 478 090	34 759 523	−43.96	0.64	54 192.88	93 425.60	−41.99	3.32
白银	53 111 169	86 501 561	−38.60	1.74	32 027.77	51 471.16	−37.78	1.96
螺纹钢	702 019 499	934 148 409	−24.85	23.01	242 705.67	217 871.90	11.40	14.86
热轧卷板	103 131 555	43 281 751	138.28	3.38	37 779.29	11 987.50	215.16	2.31
线材	98	61	60.66	0.00	0.03	0.01	102.26	0.00
天然橡胶	89 341 052	97 371 256	−8.25	2.93	137 510.95	123 631.68	11.23	8.42
石油沥青	97 440 530	186 814 247	−47.84	3.19	25 326.71	36 696.23	−30.98	1.55
燃料油	1 432	2 922	−50.99	0.00	2.98	5.17	−42.35	0.00

注：全国合计指全国商品期货市场的合计数。
数据来源：上海期货交易所、中国期货业协会。

2017年，上海商品期货市场继续在全球期货市场中占重要地位。根据美国期货业协会（FIA）统计的2017年成交手数数据显示，上海期货交易所排名第9位，比2016年下降3名；如果仅按商品类期货与期权成交手数计算，上海期货交易所排名第1位。

2. 金融期货市场

2017年，我国金融期货市场总成交量0.25亿手，累计成交金额24.60万亿元，比上年分别增长34.14%和34.98%，分别占全国期货市场的0.8%和13.09%。

国债期货成交、持仓稳步增长。截至

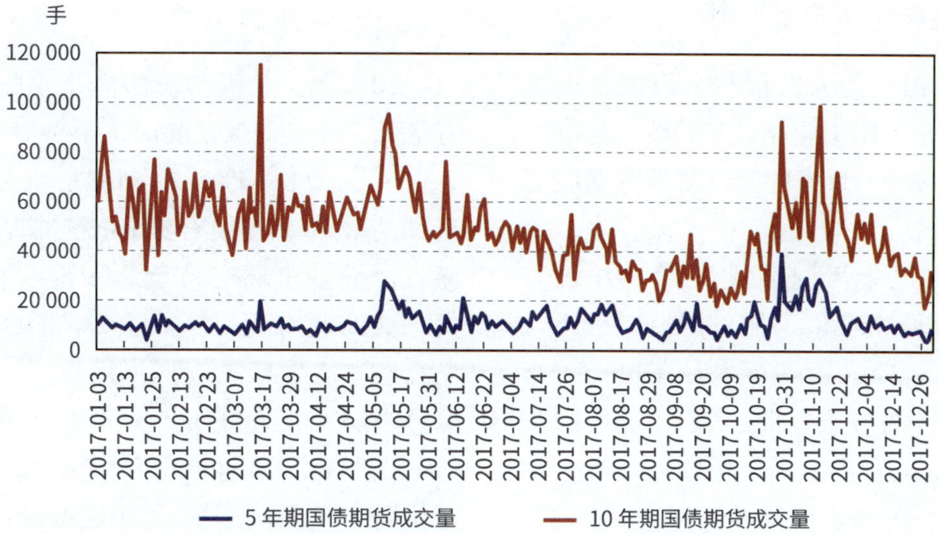

数据来源：中国金融期货交易所。

图2-4　2017年国债期货每日成交量

2017年末，5年期和10年期国债期货累计成交1 477.03万手，日均成交6.05万手，比上年增长65.33%；累计成交金额14.09万亿元，日均成交金额577.25亿元，增长58.23%。国债期货总持仓10.74万手，增长33.76%。其中，5年期国债期货持仓4.64万手，10年期国债期货持仓6.10万手。全年国债期货完成8个合约的交割，总交割量为8 062手，平均交割率为1.87%，交割平稳顺畅，投资者交割行为理性。

股指期货市场总体运行平稳。截至2017年末，沪深300、上证50、中证500三个股指期货产品总成交量为982.56万手，总成交金额为10.51万亿元，分别增长4.51%和12.77%；日均成交量和日均持仓量分别为4.03万手和10.23万手，增长4.51%和8.16%；日均成交持仓比为0.40，下降3.74%。机构投资者在沪深300、上证50、中证500股指期货上的日均持仓占比分别为68.18%、71.60%和69.04%，股指期货市场持仓结构良好。

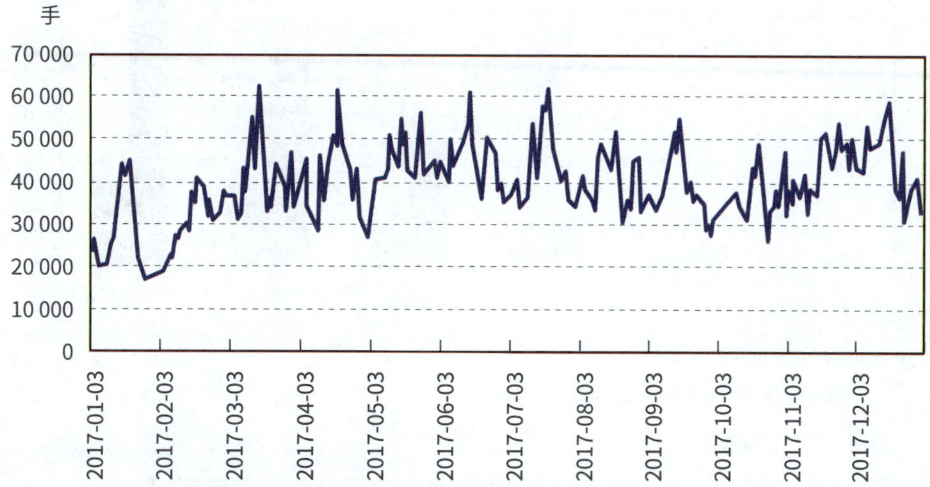

数据来源：中国金融期货交易所。

图2-5　2017年股指期货每日成交量

（七）金融衍生产品市场

2017年，银行间人民币利率衍生品市场成交14.4万亿元，比上年增长45.3%。其中，普通利率互换成交14.4万亿元，债券远期成交11.9亿元。

2017年，汇率衍生品成交13.9万亿美元，比上年增长27.6%；外汇即期成交6.4万亿美元，增长8.0%。汇率衍生品在银行间外汇市场占比（不含外币拆借）从上年的64.6%提升至68.5%，与国际外汇市场即期与衍生品市场交易量1∶2的格局已基本一致。

由于人民币国际化深入、海外投资规模迅速扩张、人民币汇率双向波动日益加剧，银行间市场对外开放程度逐渐加大等因素相互推动，2017年人民币货币掉期业务驶入发展快车道。全年成交572亿美元，比上年增长1.6倍。

2017年，股票期权年末持仓量为147万张，比上年增加16万张；成交额893亿元，比上年增加461亿元。期权投资者账户总数为25.82万户，增长28%。

（八）清算市场

2017年，上海清算所清算业务总量265.1万亿元，增长21%。其中，中央对手清算88.4万亿元，增长35%。在利率衍生品市场上，累计清算利率互换合约13.8万笔、14.3万亿元，占同期市场交易量的99%，集中清算模式已成为利率互换产品主要清算方式；在外汇及汇率衍生品市场上，累计清算55.9万笔、清算金额9.9万亿美元，外汇即期清算量4.5万亿美元，外汇远期699.6亿美元，外汇掉期5.3万亿美元，外汇期权533.0亿美元；大宗商品衍生品中央对手清算业务共46.7万笔、476.6亿元；债券净额全年共清算2.5万笔、7.4万亿元，其中现券7.0万亿元，质押式回购0.2万亿元，买断式回购0.2万亿元。

上海清算所为银行间市场公司信用类债券、同业存单、金融债券、资产证券化产品、绿色债券、信用联结票据等20余种产品提供全额逐笔清算服务。2017年，债券全额逐笔清算176.7万亿元，同比增长15%，其中，现券44.9万笔、43.9万亿元，回购

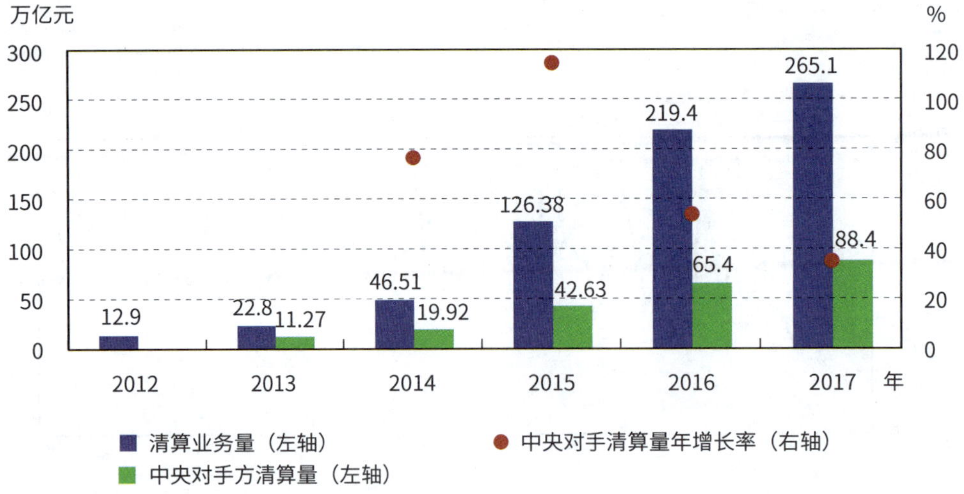

数据来源：上海清算所。

图2-6　2012～2017年上海清算所清算业务发展概况

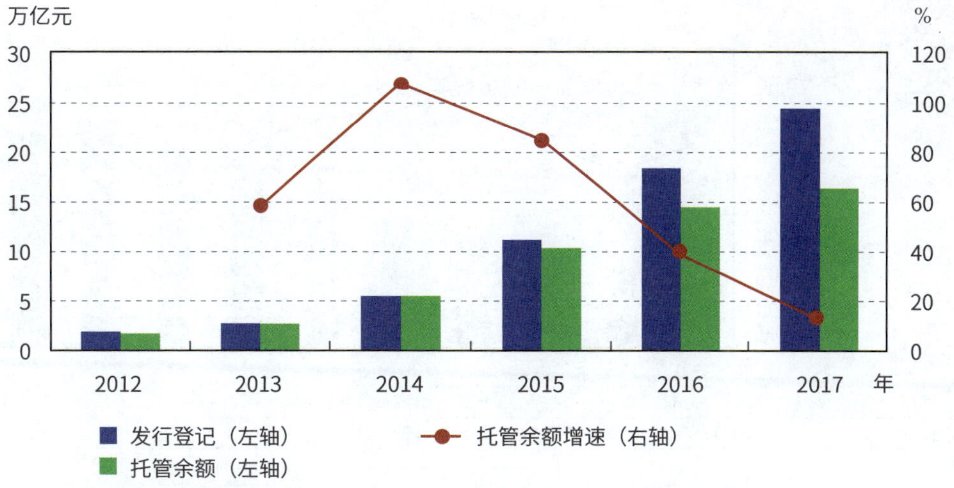

数据来源：上海清算所。

图2-7　2012～2017年上海清算所登记托管业务发展概况

181.8万笔、130.3万亿元，债券分销3.1万笔、2.5万亿元。

上海清算所发行登记托管产品3.1万只、24.4万亿元，同比增长32%；兑付本金22.5万亿元，同比增长54%；期末托管余额2.0万只、16.3万亿元，同比增长14%。截至2017年末，全国债券市场新发行债券62%托管在上海清算所。托管的主要产品中，非金融企业资产支持票据、绿色债务融资工具等券种托管余额增长超过100%，中期票据、项目收益票据、证券公司短期融资券等其他券种余额增长超过20%，超短期融资券、非公开定向债务融资工具、信贷资产支持证券的托管余额小幅下滑。

上海清算所共服务清算会员88家，其中，综合清算会员12家、普通清算会员76家。服务发行人4 753家 、投资者18 103家。

（九）银行卡

2017年，中国银联银行卡跨行交易清算网络已延伸至全球168个国家和地区，跨行交易金额达93.9万亿元，位居全球银行卡品牌前列。全球有超过48个国家和地区发行了银联卡，累计发卡量超过9 000万张，同比增长27%。境外受理商户累计超过2 300万户，受理ATM累计超过160万台。

全国银行卡支付规模继续扩大，上海成为全球重要的银行卡交易清算中心。从银行卡发行情况看，截至2017年末，全国银行卡在用发卡数量66.93亿张，比上年增长9.27%。其中，借记卡在用发卡数量61.05亿张，增长7.87%；信用卡和借贷合一卡在用发卡数量共计5.88亿张，增长26.35%。

从跨行交易情况看，2017年，中国银联银行卡跨行交易清算系统共处理成功交易293.5亿笔和93.9万亿元，比上年分别增长8.3%和28.8%。其中，ATM成功交易笔数和金额分别为65.4亿笔和5.5万亿元；POS消费交易笔数和金额分别为126.6亿笔和44万亿元。境内发卡机构的交易承兑率为92.50%，提升0.18个百分点；受理方（银联收单平台及内容平台）交易成功率为99.65%，提升0.06个百分点。上海汇集并处理了全球银联卡跨行交易，已经成为全球重要的银行卡交易清算中心。

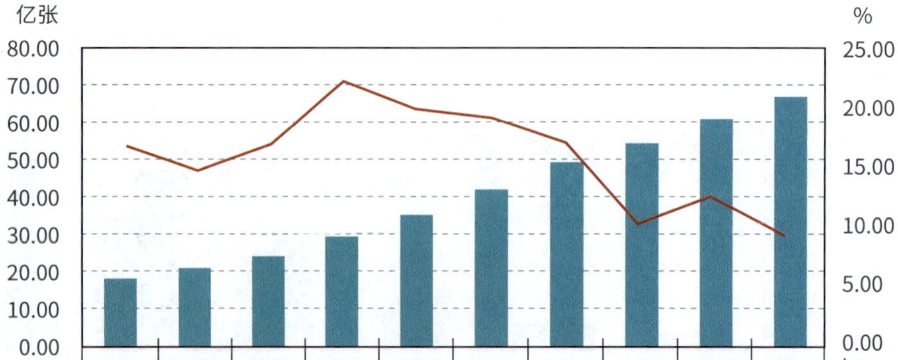

	2008	2009	2010	2011	2012	2013	2014	2015	2016	2017
银行卡累计发卡量（亿张）	18.00	20.66	24.15	29.49	35.34	42.14	49.36	54.42	61.25	66.93
同比增速（%）	16.70	14.80	16.91	22.11	19.84	19.23	17.13	10.25	12.54	9.27

数据来源：中国人民银行2008～2017年支付体系运行总体情况。

图2-8 2008～2017年国内银行卡累计发卡量及增速

截至2017年末，上海地区累计发行银联卡1.95亿张，人均卡量6.45张，远高于全国平均4.84张的水平。2017年，中国银联共处理上海地区成功交易22.2亿笔和6.99万亿元，在全国总量中的占比分别为7.56%和7.44%。上海地区单月人均银行卡跨行交易笔数7.68笔，全国水平仅为1.77笔；单月人均银行卡跨行交易金额24 093元，远高出全国水平5 658元。上海市银行卡渗透率为73.1%，超出全国平均水平24.4个百分点，接近或达到国际先进水平。

银行卡支付环境不断完善。2017年全国新增联网商户525.40万户，联网POS终端665.36万台，联网ATM终端3.64万台。截至2017年末，全国共有联网商户2 592.60万户、联网POS终端3 118.86万台、联网ATM 终端96.06万台。全国非接POS受理终端累计超过1 300万台。中国银联联合产业各方推动小额免密免签（以下简称双免）业务快速发展。全年双免交易笔数超过6亿笔，是上年的3倍；交易金额超过百亿元。上海地区共有联网商户35.4万户、联网POS终端139.3万台、联网ATM终端1.8万台。

四、金融创新和对外开放

（一）金融业的创新和开放

1. 银行业

2017年，上海银行业机构自评自报599项金融创新成果，呈现出“支持实体经济、服务上海区位、提升内部管控、注重金融科技、发挥规模优势”五大特点。创新成果更加多元化，559项金融创新成果中，支持科创中心建设71个，占比11.9%；支持实体经济重点领域150个，占比25.0%；改善民生服务79个，占比13.2%；支持金融中心建设和航运中心建设96个，占比16.0%；金融科技和互联网金融领域109个，占比18.2%；强化银行内控能力94个。

随着中国银行业对外开放的推进，上海外资银行集聚效应明显，显现了全面开放的正向效应，代表了外资银行在华的快速发展历程。

一是外资银行集聚效应增强。2017年，新批准筹建和开业的外资分行有5家，新设代表处1家，审批人民币业务牌照1张。首批来自中东国家的银行在沪设立分行（科威特银行上海分行、阿联酋国民银行上海分行）。国泰世华银行作为第一批进入上海市场的三家台资银行之一，2017年获得中国银监会有关转制的正式批准。

二是业务增长步入新周期。截至2017年末，上海外资银行资产总额1.56万亿元，比上年增长13.04%，增速创近5年来新高。上海外资银行资产在上海银行业金融机构资产的占比重回10%以上，年末达10.6%，为近两年最高。同时，资产质量继续保持稳定。上海外资银行不良贷款实现“双降”，不良率0.34%，创5年来新低。全年上海外资银行没有发生重大风险、重大案件和重大舆情，在发展提速的同时，保持了较高的发展质量。

三是服务实体经济开创新局面。上海外资银行具有良好的风险管理体系和较为完善的信贷管理制度，贷款更加集中地投向实体经济的重点领域。截至2017年末，上海外资银行各项贷款余额4192亿元，其中投向制造业和批发零售业的比重合计为52.2%，高于上海银行业金融机构平均水平。科技型企业贷款存量客户数为477户，较年初增加171户，增长55.9%；贷款余额152亿元，较年初增加60.8亿元，增长66.6%。

四是中外资银行合作取得新突破。2017年，上海外资法人银行与中资银行共计新开展合作项目13项，金额达895亿元，涉及银团贷款、债券承销与发行、资金托管等多个领域。新设3家“一带一路”沿线外国银行分行。上海外资银行凭借国际网络等先天优势，通过境内外联动，支持“一带一路”建设和中资企业“走出去”。2017年末，上海外资法人银行联合母行、联行为中资企业客户提供的全球授信余额超6 000亿元。

2. 证券期货业

上海证券公司积极服务实体经济发展，支持供给侧结构性改革。证券公司融资服务业务规模进一步扩大，通过帮助企业IPO融资和并购重组，将企业产业链延伸至高端机械制造领域，并开拓了新能源汽车制造等创新发展空间。部分证券公司还通过子公司开展创业投资，直接投资了机械设备、电子设备、通信设备等制造企业股权，为企业提供资金支持。不断丰富金融产品与服务，积极助力政府与社会资本合作相关领域（PPP）项目，光大证券成立了国内首家专门从事PPP业务的子公司光大发展投资有限公司。积极帮助中小微创新企业融资，尤其是积极响应上海科创中心建设号召，为科创企业提供融资服务，为符合条件的企业发行绿色债券提供服务。

上海基金公司不断丰富产品线，3家公司入围全国社保基金理事会基本养老保险基金证券投资管理机构，海富通基金参与发行首批基金的基金（FOF）公募基金。更多基金公司积极投身精准扶贫帮困、服务“一带一路”建设等具有社会责任属性的特色实践活动，兴全基金多次登上《福布斯》杂志中国慈善榜并获得2017年基金扶贫创新奖。华安新思路、长信中证“一带一路”、光大保德信“一带一路”等基金布局国家战略投向，助力“一带一路”建设，富诚海富通发行首单基金子公司PPP项目资产证券化产品。博道基金成为全国首家按“先批后筹”程序设立的公募基金公司。基金公司员工持股、持基计划等长效治理机制不断建立，股权治理结构进一步优化。

上海期货公司向业务多元化、差异化、专业化方向发展，持续探索服务“三农”、服务实体经济的优秀做法，不断扩大“农业+保险+期货”业务试点范围，研究“保险+期权”方案。

截至2017年末，上海共有合资证券公司6家，占全国的46%；合资基金公司23家，占全国的51%；外资代表处56家，占全国近一半。

多家企业和机构积极赴海外融资和开展国际化经营。上海已有海通、东方、光大、国泰君安4家证券公司实现了H股上市，5家证券公司、8家基金公司、2家期货公司在香港设立全资子公司并开展业务，境外子公司总资产基本呈现每年翻番趋势，其中海通国际收购葡萄牙圣灵投资银行，成为中国证券公司收购总部位于欧洲投资银行的第一单。8家基金公司在香港设立子公司并取得相关业务牌照，管理产品57只，管理规模194.53亿元，获批RQFII额度180亿元，管理RQFII产品23只，管理规模52.42亿元。多家基金公司积极开展基金互认业务，已设立香港子公司的8家基金公司共有16只基金产品在香港销售，在港累计保有金额47 997.89万元；3家基金公司获得香港基金内地销售代理资格，累计代销4只基金产品，在内地累计保有金额140.23亿元。

3. 保险业

2017年，上海在全球金融中心指数（GFCI）保险业排行榜中首次位列第一。创新制度集成效应不断扩大。全国首创粮食作物收入保险试点，覆盖上海市两个区水稻和小麦种植面积2.1万亩，形成了收入保险试点的“上海模式”。发展农业保险科技，全国首创基于大数据实现精准模拟评估的台风保险项目，首推基于区块链和物联网实现家禽养殖防伪溯源的保险项目“步步鸡”。建设工程质量潜在缺陷保险实施以来为上海650万平方米住宅提供风险保障190亿元，并为商务部海外援建项目提供40余亿元风险保障。

推动区域性再保险中心建设列入自贸区深化改革方案重点工作任务，发展离岸保险、跨境人民币再保险及建立特殊风险分散机制。推进上海国际航运保险中心建设。深化航运保险产品注册制。注册主体包括全国33家经营航运保险业务的保险机构，已注册有效条款2 809个，已披露注册人和注册条款等相关信息4 090条。定期发布上海航运保险指数，举办第二届上海国际航运保险论坛，扩大上海航运保险市场国际影响力。将保险业纳入《上海服务国家“一带一路”建设发挥桥头堡作用行动方案》顶层设计，支持保险在“一带一路”风险监测、投融资服务、交流合作和安全保障等领域发挥积极作用。

（二）金融市场的创新和开放

1. 票据市场

票据市场基础设施不断完善。优化中国票据交易系统功能，新增交易品种和交易方式，满足市场多样化需求。完成电子商业汇票系统（ECDS）迁移，为纸电票据融合奠定基础。2017年5月，纸电票据数据融合投产上线，中国票据交易系统增加电票业务行情展示，实现电票业务数据的查询、统计和分析功能。8月，交易融合第一阶段投产上线，纸电票据的交易品种和交易规则实现统一。9月，再贴现业务系统上线运行，为货币政策提供高效操作平台。推进直连接口项目建设，降低操作风险。2018年1月25日，数字票据交易平台实验性生产系统成功上线试运行，顺利实现基于区块链技术的数字票据签发、承兑、贴现和转贴现业务。

2. 债券市场

“债券通”上线。“债券通”是境内外投资者通过香港与内地债券市场基础设施机构连接，买卖两个市场交易流通债券的机制安排。2017年7月2日，人民银行、香港金管局发布联合公告，批准香港与内地债券市场互联互通合作上线。7月3日，外汇交易中心正式推出“债券通”交易服务，为境外投资者参与中国债券市场开辟了新的投资渠道。“债券通”业务快速发展，市场影响稳步增加。截至年末，247家境外机构投资者通过“债券通”进入银行间债券市场，分别来自19个国家和地区，类型涵盖商业银行、基金公司、资产管理公司、证券公司、保险公司及基金和资管产品等，交易券种以国债、政策性金融债、同业存单为主。

为促进质押式回购市场价格发现功能发挥，优化回购开盘价形成机制，2017年4月，银行间质押式回购匿名点击业务（X-Repo）推出盘前交易机制。

2017年6月20日，国债做市支持操作平台完成首次操作。截至年末，已开展国债做市支持操作7次，其中随卖操作2次，操作量30.3亿元，随买操作5次，操作量35亿元。

专栏2-1　首单“一带一路”沿线国家和地区企业发行熊猫债券

2015年以来，上海证券交易所稳步推进境外机构发行人民币债券（以下简称熊猫债券），启动境外公司发行人民币公司债券试点工作。截至2018年3月底，已有25只熊猫债券成功获批，申报金额1 823亿元；已有18只熊猫债券成功发行，发行规模899.4亿元。上交所熊猫债券发行人主要呈现四个特点：

一是发行主体均为优质实体企业。已成功发行熊猫债券的企业为俄罗斯铝业联合公司（以下简称俄铝公司）、越秀交通基建有限公司、中国燃气控股有限公司、普洛斯洛华中国海外控股（香港）有限公司等多家优质企业。

二是行业类型丰富。包括交通运输、仓储和邮政业，燃气生产和供应业，租赁和商务服务业，金融业，房地产等多个行业。

三是发行人境内评级普遍较高。已获批的25只熊猫债券的主体评级均在AA+及以上，占比100%。

四是绝大多数发行人的业务及运营实体位于中国境内。大部分熊猫债券由注册于境外的中国红筹公司发行，俄铝公司是首家业务及运营实体均位于中国境外的熊猫债券发行人。

2016年，俄铝公司向上交所提交了非公开发行不超过100亿元熊猫债券挂牌转让的申请，并于2017年3月16日完成了首期发行。俄铝公司是世界第二大原铝及铝合金生产商，2010年在香港联交所和纽约泛欧交易所集团巴黎专业板首次股票公开发行，2015年在莫斯科交易所上市。首期债券由中国国际金融有限公司承销，发行期限3年，债项评级达到AAA，票面利率5.5%，基础发行规模5亿元，超额配售5亿元，最终10亿元获得市场全额认购。

俄铝公司是首家在我国发行熊猫债券的“一带一路”沿线企业，俄铝熊猫债券是我国首只“一带一路”熊猫债券，其发行是落实“一带一路”国家战略、促进“一带一路”沿线国家经济合作伙伴关系的重要举措，实质推动了资本市场服务“一带一路”整体战略，对深化中俄两国金融合作有重要意义。

3. 股票市场

产品创新持续推进。丰富期权产品，完成沪深300交易所交易基金（ETF）期权方案设计并正式上报证监会；优化现有期权合约及交易机制，增加合约行权价格数量，完成做市商双边报价、行权指令申报和到期月份等优化机制方案；进一步丰富上市基金品种，研究开发战略新兴成指ETF、MSCI中国A股相关指数ETF等产品，优化基金市场发行和交易机制，探索建立ETF互联网平台。

技术创新不断深入。加强大数据、云技术开发投入，完成大数据平台（一期）建设并初步投入运营，核心系统轻型化工程加快推进，金融云项目规划和建设全面启动。加大官网移动端建设，为市场提供高效、丰富的上交所各类业务数据和信息服务。低延时行情发布系统正式上线，提升了行情发布质量和能力，服务的新一代行情（Level-2）终端数已达142万个。上证云平台功能持续完善，顺利通过上海市重大示范项目验收，获得超过51%的证券公司使用。完成集数据服务和回测功能于一体的智能数据服务的开发，进一步丰富行情产品线。

深化交易所互联互通。一是沪港通业务继续保持平稳运行。截至2017年末，北向沪股通共有标的576只，合计市值27.58万亿元，占上交所A股总市值的83.49%；南向港股通共有标的311只，合计市值23.88万亿元，占港交所主板总市值的84.73%。2017年，北向沪股通累计共235个交易日，有交易的股票660只，合计交易金额1.31万亿元人民币，日均55.94亿元人民币；南向港股通累计共230个交易日，有交易的股票338只，交易金额1.49万亿元人民币，日均64.72亿元人民币。二是沪伦通进入操作制度设计阶段。2017年12月，第九次中英经济财金对话后发布的政策成果中，中英双方同意进一步深入研究两地符合条件的上市公司以存托凭证的方式到对方市场挂牌上市，以实现两地市场的互联互通。进一步深入研究相关制度设计，积极稳妥推进“沪伦通”的各项准备工作。

服务“一带一路”建设。制定发布《上海证券交易所服务“一带一路”建设愿景和行动计划（2018～2020）》。与“一带一路”沿线国家证券交易所开展深度合作，与国内交易所联合收购巴基斯坦证券交易所40%的股份，与莫斯科交易所签署战略合作协议，与哈萨克斯坦有关方面达成入股阿斯塔纳国际交易所的协议。支持“一带一路”沿线国家企业俄罗斯铝业联合公司成功发行熊猫债券。举办中国—东盟资本市场服务“一带一路”建设合作与发展论坛。推进国际交易平台建设，支持中欧国际交易所探索推出D股交易。2018年1月，红狮控股集团发行国内首只“一带一路”债券；同年3月，上交所正式发布《关于开展“一带一路”债券试点的通知》，鼓励各市场参与人进一步参与“一带一路”债券的发行、交易及申购等。多只“一带一路”公司债券、资产支持证券待发行。

交易所国际影响力进一步提升。上海证券交易所理事长成功当选世界交易所联合会（WFE）主席，这是中国内地交易所负责人首次在国际行业组织中担任主要领导职务。加入联合国可持续交易所倡议（SSE）。举办证券交易所一线监管国际研讨会。开展与境外交易所双边合作，与马来西亚交易所、西非交易所、卢森堡交易所等签署谅解备忘录，建立合作交流机制。以A股纳入MSCI为契机，组织“国际投资者走进上交所市场”活动，举办国际投资者投资A股市场大会，扩大中国资本市场的国际影响力。

4. 外汇市场

人民币汇率中间价形成机制不断完善。2017 年 2月，中间价对一篮子货币参考时段由报价前 24 小时调整为前一日收盘后到报价前的 15 小时，避免美元汇率日间变化在次日中间价中重复反映。5 月26日，考虑到外汇市场主体易受非理性预期影响，忽视基本面向好对汇率的支持作用，增大市场汇率超调的风险，外汇市场自律机制“汇率工作组”决定在中间价中加入“逆周期因子”，将报价模型调整为“收盘价+一篮子货币汇率变化+逆周期因子”。从运行情况看，新机制有效抑制了外汇市场上的“羊群效应”，增强了宏观经济等基本面因素在人民币汇率形成中的作用。年初至新机制公布前，美元指数贬值5.06%，但人民币对美元升值幅度仅1.19%。新机制公布后至年末，美元指数贬值5.08%，人民币对美元升值幅度5.46%。

金融支持“一带一路”倡议。为提高金融服务“一带一路”建设能力，帮助市场主体规避汇率风险，促进人民币在双边贸易和投资中的使用，2017年8月和9月外汇交易中心先后推出人民币对蒙古图格里克和柬埔寨瑞尔的银行间外汇市场区域交易，区域交易货币对扩大至4个。8月，外汇交易中心暂免人民币对新加坡元、卢布、林吉特等十个直接交易货币对交易手续费，配合国家“一带一路”倡议。

优化交易平台。2017年8月，推出新一代外汇交易平台一期，上线外汇期权和外币拆借功能。9月，推出互联网移动终端iTrader，为交易员提供银行间外汇市场及时、权威的行情和基准数据等服务。C-trade功能与交易品种完善。2017年5月，外汇交易系统C-Trade推出冰山订单功能。进一步丰富外汇掉期交易C-Swap品种，新增5个标准期限和8个远期对远期期限的掉期交易品种，满足交易主体交易需求。10月，银行间外汇市场建立人民币对卢布交易同步交收机制。12月，外汇交易中心推出美元对人民币即期撮合交易。

市场监测和管理规范发展完善。2017年，中国外汇市场指导委员会成立，参与全球外汇委员会的成立筹备并作为创始成员加入该委员会。全国外汇市场自律机制配合外汇市场指导委员会，建立了与国际八大外汇市场委员会的沟通与交流机制，推动落实中国准则与全球准则。外汇交易中心与自律机制建立了外汇市场监测联动和信息共享机制，加强外汇市场规范运作管理。自律机制讨论完善了人民币中间价形成机制，制定发布了《中国外汇市场准则》，组织制定了成员自律行为评估办法，评估结果纳入宏观审慎评估（MPA）体系。

“债券通”香港结算行入市。2017年7

月，为配合“债券通”上线，境外参加行入市范围进一步扩大。截至年末，银行间外汇市场境外机构共81家，其中“债券通”香港结算行20家。

5. 黄金市场

推出人民币黄金期权波动率曲线。2017年，上海黄金交易所对接“上海金”基准，首次推出人民币黄金期权波动率曲线，构建场外衍生应用场景体系。上海黄金交易所GEMS-2新一代交易系统上线，系统各项运行指标达到国内领先水平。

场外询价市场基础设施持续完善。根据做市商制度完成银行间黄金询价市场做市商首次调整。《上海黄金交易所黄金租借业务主协议》逐步覆盖市场主要参与机构，市场机构向黄金交易所进行协议备案累计286份。

拓展互联网业务。持续优化易金通产品，前端和后端APP分别累计升级4次和7次，会员单位接入累计达23家，在线新开户会员11家，2017年累计成交近5 857亿元，新增用户量7.2万户，市场影响力不断提升。

对接“一带一路”倡议，探索跨市场合作新空间。一是拓展“上海金”基准价在境外市场的应用，提升上海金的影响力。2017年4月9日，迪拜黄金与商品交易所挂牌以“上海金”基准价作为结算价的人民币黄金期货合约。二是推进跨市场合作，探索共建、共享、共赢发展的新机制。2017年5月13日，上海黄金交易所在“一带一路”国际合作高峰论坛举办期间，与匈牙利布达佩斯证券交易所签订战略合作协议，共同推进两国黄金市场健康、平稳、有序发展。三是开展多形式、多载体的跨境合作，为境内外投资者开辟多样化的投资渠道。2017年，与俄罗斯有关方面签署黄金市场合作备忘录。

专栏2-2　上海黄金交易所国际板的建设情况

上海黄金交易所国际板自2014年9月建立以来发展良好，国际会员积极参与，交易规模稳步攀升，市场功能初步显现。

一、国际板市场功能初步显现

业务运行平稳。自国际板上线至2018年6月底，市场累计成交量3.71万吨，累计成交金额4.92万亿元;其中，黄金成交量1.85万吨，成交金额4.85万亿元。国际会员参与度提升，2018年上半年国际会员成交金额占国际板总成交金额的比重达17.39%。

会员发展有序。国际板自上线以来，截至2018年6月底，已招募国际会员70家，通过国际会员代理的国际客户76家。主要包括国际上大型的黄金精炼企业、伦敦金银市场协会活跃的黄金报价银行、主要贵金属交易机构，以及国内大型商业银行的自贸区分支机构等市场主体。为进一步优化国际会员结构，提升国际板市场流动性，2016年，国际板引入Virtu、Jump Trading等国际大型程序化交易商入会；引入流动性提供商机制，拟定了国际板合约做市商的做市要求，并选择浦发银行作为首家流动性提供商；引入国内符合条件的、具有影响力的券商参与国际板交易，目前招商证券（香港）、海通证券已正式获得了国际会员资格。

账户管理严格，资金结算安全。截至2018年6月30日，国际板共有7家境内保证金存管银行，分别为工商银行、农业银行、中国银行、建设银行、交通银行、招商银行和浦发银行。此外还有1家境外指定保证金存管银行，即中银香港。

产品创新有效推进。先后推出了黄金实物库存充抵保证金和债券充抵保证金业务、“上海金”人民币集中定价业务。未来交易所还计划开展外币充抵保证金业务等;在国际板挂牌铂金、钯金等交易品种的可行性研究也正在进行。

配套服务不断完善。在账户开立和资金结算方面，简化国际会员和客户开立FT账户的流程，提升开户效率，由原来的企业法定代表人亲临现场开户，简化为只需经企业注册地的境内银行的分支机构或使领馆鉴证后即可开户。在实物交割方面，进一步优化国际板的黄金入境流程，目前已实现航班到港4小时内提货，入境效率达到国际主要黄金集散地水平。在仓储物流服务方面，自2016年起，上金所利用自贸区交割仓库为国际会员提供保管库服务，对国际会员及国际客户未参与上海黄金交易所交易交割业务的实物提供保管。该项业务有利于引导境内外商业银行将黄金进口路径由场外市场转移到国际板市场，加大国际板的黄金供应。2018年上半年，国际板黄金入库量为325.83吨，出库量为288.40吨。

跨市场合作成果显著。上海黄金交易所先后与香港金银业贸易场启动“黄金沪港通”项目，与迪拜黄金与商品交易所签署《上海金基准价授权使用协议》，与香港交易所集团(HKEX)积极探讨双方在黄金及贵金属产品研发、跨市场互联互通机制设计等多个领域的合作可能性。2017年4月9日，迪拜黄金与商品交易所挂牌以“上海金”基准价作为结算价的人民币黄金期货合约。2018年4月，交易所与俄罗斯有关方面签署黄金市场合作备忘录，并积极探索与其他国际知名证券或贵金属交易所的跨市场务实合作机遇。

推动我国黄金市场相关标准与国际接轨。研究制定适合中国国情的负责任黄金供应链相关标准和认证体系，加强冲突金风险管理，确保中国黄金市场无冲突金，满足国际会员的法律合规需求，树立中国是一个负责任的黄金大国形象。推动上海黄金交易所成为国内和国际监管机构认可的合格中央对手方，降低国际会员和客户的交易成本。建立了全面的反洗钱、反恐怖融资、反逃税管理框架，对国际会员开展尽职调查，并对国际会员的账户开立、资金出入全程监控，贯彻“三反”要求。

二、国际板建设的意义

黄金国际板的建立和发展，是贯彻落实党中央、国务院关于扩大金融业双向开放要求的具体体现，有利于向全球推广中国市场和标准，推进人民币国际化、资本项目开放进程，推动上海国际金融中心建设。

吸引国际投资者参与中国黄金市场交易，有助于交易所产品规则和市场标准向全球推广，提升上海黄金交易所的核心竞争力和国际影响力。目前，国际黄金定价权的争夺已经进入白热化阶段，全球化和深度融合已成为国际黄金市场的发展趋势。国际板和“上海金”业务的推出，有利于交易所更好地融入全球黄金市场，扩大话语权和影响力;也有利于打造与中国的黄金产业大国地位相适应的全球人民币黄金定价中心，使全球投资者能够有机会共享中国黄金市场发展机遇，推动国际黄金市场体系平稳健康发展。

国际板坚持发展以人民币计价的黄金交易业务，将人民币标价的“上海金”品牌推向国际市场，有助于扩大离岸人民币资金的运用渠道，有效衔接人民币的在岸市场和离岸市场，增强境外机构持有人民币的意愿和信心，扩大人民币的跨境流动，推动人民币国际化发展。同时，我国黄金市场的潜力大、韧性强，市场规模相对较小，因此也可以作为资本项下人民币可兑换的窗口和试验田。

未来将以黄金国际板的建设为契机，充分发挥上海得天独厚的区位优势，逐步将上海建设成为亚洲乃至全球范围内具有影响力的黄金交割、储运和转口贸易中心。通过黄金市场的做大做强，扩大上海作为国际金融中心的优势和辐射力，促进上海自贸区和上海国际金融中心的联动发展。

6. 期货市场

产品序列进一步丰富。2017年3月和11月，上海期货交易所纸浆期货、铜期货期权分别获准立项。“保险+期货”试点稳步扩大。2017年3月全面启动天然橡胶“保险+期货”精准扶贫试点项目，覆盖海南省、云南省14个贫困区县，其中12个为国家级贫困县，投入资金3 960万元。原油上市准备工作进入最后阶段。上海国际能源交易中心于2017年5月正式对外发布交易规则及11个相关的业务细则。

推出国债期货券款对付（DVP）交割模式。DVP交割是指在某一结算日实现买卖双方债券和资金同步交收的交割模式，是全球成熟市场国债期货品种通行的交割方式。2017年6月，国债期货DVP交割业务正式推出并在1706合约交割上率先实施，截至2017年末已完成三次交割。

支持巴基斯坦证券交易所、中欧国际交易所的发展。截至2017年末，中欧国际交易所共有72只产品挂牌交易，其中13只为ETF产品、2只为交易所交易债券（ETN）产品，其余为债券类产品。开业以来，中欧国际交易所交易金额共计85.84亿元人民币（双边计算），约99%的交易金额来自ETF产品，人民币计价产品的交易金额为3.53亿元人民币。

7. 金融衍生产品市场

利率互换（X-Swap）交易品种丰富。为更好满足市场成员的风险管理需求，2017年外汇交易中心先后推出了以银银间回购定盘利率（FDR）、十年国债收益率（GB10）、十年国开债收益率（CDB10）、十年期国开债与国债收益率基差（D10/G10）、三年期中短期票据AAA与国开债收益率基差（AAA3/D3）为参考利率的利率互换产品，并将利率互换产品合约期限延长至10年，进一步丰富了衍生品产品序列，提高了衍生品市场交易效率。

交易冲销服务稳中有进。2017年5月，外汇交易中心在银行间外汇市场组织首轮外汇期权冲销业务。外汇掉期冲销业务常态化运行，全年共组织六轮外汇掉期冲销，累计冲销合约361笔、66.7亿美元。作为交易确认服务体系重要组成部分，2017年8月，报文匹配服务在交易后处理平台正式上线。11月，进一步完善交易确认服务产品序列，推出货币掉期确认服务。

8. 清算业务

服务债券市场创新，丰富登记托管产品种类。2017年2月，上海清算所完成银行间市场首单公募房地产投资信托基金（兴业皖新阅嘉一期房地产投资信托基金资产支持证券）的登记托管服务，促进房地产行业资金规范管理运作；5月，完成首批信用联结票据（中国农业银行股份有限公司2017年度第一期信用联结票据、中债信用增进投资股份有限公司2017年度第一期信用联结票据）登记确权，丰富市场信用风险管理工具；11月，完成首单政策性金融债券（中国农业发展银行2017年第一期绿色金融债）的登记托管，创新和拓展多元、开放的绿色筹融资渠道。

开拓利率衍生品市场，拓展集中清算业务。2017年7月，上线中长期利率互换集中清算业务，在不改变现有利率互换清算规则和方案的基础上将清算产品期限延长至10年，拓宽利率互换集中清算产品期限。11月，正式启用利率互换合约压缩功能，提高集中清算效率。

填补商品与信用衍生品市场空白，满足实体企业需求。在大宗商品市场上，推出中国首个碳排放衍生品——上海碳配额远期交易中央对手清算业务，形成全国可复制、可推广、统一标准的中央对手清算服务以及风险管理的模式，填补我国绿色金融市场空白。推进人民币乙二醇掉期、人民币普氏指数、铁矿石掉期中央对手清算项目，为实体企业套期保值提供多样化工具。在信用衍生品市场上，推出信用违约互换逐笔清算业务，做好信用违约互换集中清算业务准备。

丰富估值服务体系，强化市场信息服务。推出上海高新技术企业债券指数，同业存单指数、短期融资券指数及中期票据指数系列，其中同业存单指数为国内首个反映商业银行同业存单价格走势的指数；推出国债、地方政府债、政策性金融债、商业银行债等债券的收益率曲线和个券估值；逐日编制和发布21条收益率曲线、11类32只债券指数分析，提升估值产品的公允性和市场影响力。

2017年上海清算所正式向欧洲证券及市场管理局（ESMA）申请第三国中央对手方（TC-CCP）认证。搭建国际双向交流平台。正式运营伦敦办事处，为与境外监管、同业机构直接交流提供窗口；在伦敦举办“中英金融合作中金融基础设施的作用”国际研讨会，在多伦多举办“人民币市场：中加金融连接的纽带”银行间债券市场对外开放推介会，在莫斯科举办“‘一带一路’建设的投融资暨中俄金融基础设施建设”国际研讨会，在伦敦、上海两地举办两场“外汇交易跨境清算研讨会”。

专栏2-3　上海清算所国内首家PFMI量化信息披露

上海清算所作为中国人民银行认可的合格中央对手方，从2017年10月12日起开始按照《金融市场基础设施原则》（以下简称PFMI）要求，在公司网站披露《上海清算所中央对手方清算业务量化信息披露报告》，是国内首家进行PFMI量化信息披露的金融基础设施。

一、公开披露量化信息，是提升风控水平、配合金融监管、落实国际承诺的客观要求

一是不断促进和提升自身风险管理水平。中央对手方是具有系统重要性的金融市场基础设施，需要通过不断完善风险控制手段以显著降低参与者违约风险，从而有效防范和化解系统性风险，促进金融市场安全高效运行。PFMI是国际上广泛接受的准则要求。落实PFMI的披露要求，进行量化信息披露，以披露促风控，以标准促发展，能敦促中央对手清算机构提升自身治理和风险管理水平，规范和推进中央对手清算行业的建设。

二是配合监管机构对金融基础设施运营、发展状况的监督和评估，健全金融监管体系，防范系统性金融风险。PFMI要求披露的风险管理、财务、系统性能和清算量等量化信息是中央对手方整体对外披露的重要组成部分。这些量化信息有利于监管当局深入了解金融基础设施的运营状况，为在我国全面推动PFMI实施工作打好基础。

三是促进金融市场基础设施与国际接轨、进一步提高国际认可度、提升影响力。从国际范围来看，包括芝加哥商品交易所集团（CME）、洲际交易所（ICE）以及伦敦清算所（LCH）在内的世界主流清算机构均已开展PFMI量化披露工作。同时，根据境外监管机构如美国商品期货交易委员会（CFTC）和欧洲证券及市场管理局（ESMA）的要求，遵循PFMI也是符合跨境监管要求的一部分，按照PFMI进行量化披露，成为我国中央对手清算机构与国际标准接轨的迫切要求。

二、上海清算所率先实施量化信息披露，主动对接国际标准，多角度展现良好水平

作为中国落实G20承诺，危机后新成立的亚洲第一家、全球第二家中央对手清算机构，上海清算所响应国际监管要求，按照PFMI量化披露要求完成披露信息数据共200项，其中涵盖业务统计数据34项、风险管理数据150项、财务数据12项、系统性能数据4项，对机构运行情况进行了全面而具体的展示。

在业务统计方面，上海清算所严格对标PFMI具体要求，披露包括清算量、参与者性质和数量、结算方式和占比等34项数据。

在风险管理方面，对风险准备资源、风控参数设置、压力测试场景和数据等诸多方面进行透明的对外信息披露。对于监管机构和市场参与者均较为关注的保证金余额、清算基金规模、风险准备金规模等数据，均按季度予以细化披露。上海清算所已建立完善的保证金制度、抵押品管理制度、清算基金制度和分层级会员管理体系，有效防范信用违约，保证缴纳的保证金在99%的置信度下足以覆盖当前和未来的潜在风险损失。

在违约管理方面，根据PFMI的要求，将违约规模、管理违约的措施等相关数据纳入量化信息披露的范畴。

在财务信息方面，披露公司收入、支出、利润、清算收入占比、资产、负债等财务数据，并对流动性净资产进行定期评估。

在系统性能方面，对运营可得性的目标、实际值、系统恢复响应时间目标、故障次数和时间进行了详细披露。

三、公开披露量化信息是上海清算所向国际一流水平金融市场基础设施看齐的重要一步

一是促进跨境监管认证进展。根据境外监管机构如美国商品期货交易委员会（CFTC）和欧洲证券及市场管理局（ESMA）的要求，遵循PFMI也是符合跨境监管要求的一部分，按照PFMI进行量化披露，有助于上海清算所与国际标准接轨，助力我国金融市场基础设施跨境监管认证的进展。

二是支持市场参与者了解和评估上海清算所的运营和风险管理水平。PFMI中要求披露的风险管理、财务、系统性能和清算量等方面的量化信息是CCP整体对外披露的重要组成部分，有利于更好地服务市场参与者，拓展集中清算业务。

三是与国际接轨，提高国际同业认可度。量化信息披露报告中较为重要的指标，如体现风险资源充足程度的保证金覆盖率、体现风险承担程度的风险准备金与清算基金之比、体现系统性能的核心系统运营可得性等，均处于同业中等或偏上水平，有效提升了国际影响力。

四是为国内同业机构进行量化信息披露树立了标杆。自2013年人民银行要求各金融市场基础设施尽快将PFMI落实到位后，上海清算所一直积极完善有关安排，主动开展信息披露工作，成为国内首家进行公开量化信息披露的金融市场基础设施，为国内同业机构与国际接轨公开量化信息披露树立了标杆。

9. 银行卡

银联移动支付创新加速推进。手机闪付产品作为银联移动支付的重要组成部分，以“空中发卡、非接闪付、网上支付”的全新理念，为消费者提供了便捷体验与金融安全。截至2017年末，全国范围内手机闪付受理商户终端超过1 000万台，覆盖餐饮、购物、游乐等各个生活领域。2017年全年，银联手机闪付产品在全国范围内发生交易2.8亿笔，交易金额816.8亿元。境外拓展方面，截至2017年末，银联已在韩国、中国香港和中国澳门等地实现云闪付HCE业务落地；与中银卡司、东亚银行、汇丰银行、恒生银行、中银香港和渣打银行6家香港当地银行合作推出云闪付Apple Pay业务。

2017年5月，中国银联联合众多商业银行及支付机构正式推出银联二维码支付产品。全国范围内受理商户达到350万商户，在600余个街区形成以小微商户为主的便民支付商圈。境外拓展方面，截至2017年末，中国香港、中国澳门、新加坡、泰国、韩国、巴基斯坦、阿联酋及肯尼亚等8个国家和地区已上线银联二维码支付服务。2017年12月，中国银联携手商业银行、支付机构等产业各方共同发布银行业统一APP“云闪付”，成为银行业移动支付的统一入口以及连接各方、服务各方的平台工具。

创新业务拓展模式，在中外交流重点市场的业务拓展取得新进展。一是配合大湾区发展规划，依托银联移动支付产品，以满足交通应用为核心，完善港澳和广州、深圳、珠海等主要城市的缴费、小额支付等便民支付场景，优化大湾区互联互通的支付基础环境。二是推进“一带一路”沿线12个国家的转接网络建设工作。与塞尔维亚央行签署合作备忘录，提供芯片授权方案；与塔吉克斯坦主流机构签署建设转接网络合作备忘录。三是与亚太地区一些国家中央银行、转接网络等开展二维码标准授权合作。

10. 人民币跨境支付业务

人民币跨境支付系统（CIPS）运行稳定。2017年CIPS共运行249个工作日，累计处理业务125.90万笔，金额14.55万亿元，比上年分别增长97.92%和233.67%。日均处理业务5 056.22笔，金额584.50亿元。客户汇款和金融机构汇款分别占总处理业务笔数的65.57%和34.4%，占总处理业务金额的20.89%和78.69%。金融机构头寸调拨、货物贸易和服务贸易为主要业务类型，分别占总处理业务金额的64.05%、12.3%和7.56%。

截至2017年末，CIPS有31家直接参与者，677家间接参与者，参与者范围覆盖全球6大洲（亚洲505家、欧洲87家、北美洲25家、大洋洲17家、南美洲16家、非洲27家），87个国家和地区，业务实际覆盖全球145个国家和地区，涉及2 199家法人金融机构，间接参与者中境外机构占比达61.74%。“一带一路”沿线国家和地区CIPS参与者数量逐步攀升。截至2017年末，CIPS共有来自“一带一路”沿线41个国家和地区的508家间接参与者，CIPS实际业务覆盖“一带一路”沿线国家和地区的1 239家法人金融机构。

五、政策支持与金融监管

（一）政策支持

上海市银行业不断提升普惠金融服务水平。顺利完成扶持小微企业发展“三个不低于”的工作目标。5家大型银行均已设立普惠金融事业部。开发“银税互动信息服务平台”，实现机构与税务机关线上信息互动。协调中小微企业政策性融资担保基金加入银税互动机制。2017年末已有45家机构签署银税合作协议，合作项下贷款余额167亿元，是上年末的近3倍。共有1 096笔贷款获得利率下调，为小微企业节约费用约7 240万元。

深化自贸试验区建设探索。持续推进监管沙盒实验，优化创新业务监管互动机制，加大对新领域创新业务的探索支持，并固化部分业务创新试点经验，有力支持境内企业“走出去”、政策性金融落地、要素市场国际化建设等重点领域。已落地创新试点项目34项，累计融资授信超过900亿元。

争取市政府出台政策支持上海国际航运保险发展，推进再保险机构在“营改增”实施后的纳税便利化，协调将外资再保险分支机构纳入上海市金融奖励扶持政策，支持上海医保账户对接商业医疗险，推动保险营销员纳入灵活就业，为外地户籍营销员在上海参加社保、子女就学提供便利，在财政、税收、司法和舆论等领域形成上海保险业全方位支持政策体系。

专栏2–4　稳步推进上海市经营性租赁收取外币租金业务

近年来，上海市租赁行业发展迅速，在推动产业创新升级、促进经济结构调整优化、推进上海国际金融中心和国际航运中心建设等方面发挥了重要作用，尤其是上海自由贸易试验区保税区域（包括外高桥保税区、外高桥保税物流园区、洋山保税港区和浦东机场综合保税区）内的租赁产业发展态势良好，集聚效应明显。2017年9月，国家外汇管理局批复同意在上海部分保税监管区域开展经营性租赁收取外币租金业务。目前，该项业务在上海稳步有序推进，社会各界给予了高度评价，普遍认为业务的开展将使企业有效降低汇兑成本，防范汇率风险，切实支持实体经济发展，有效促进贸易投资便利化。

一、经营性租赁收取外币租金政策出台背景

（一）行业对收取外币租金的需求

经营性租赁行业收取外币租金的需求集中体现在飞机和船舶租赁企业。该类企业在引进国际民用客机、国际航行船舶时，与境外制造商之间几乎都是以美元进行结算，并通过国内外汇贷款或外币外债等形式进行融资购买，部分企业也可能从境外租入租赁物，因此需要对外支付外币租金。在此类情况下，如收取租金的币种为人民币，企业必然面临汇率波动、币种错配等风险。自“8·11”汇改后，人民币汇率波动幅度增大，有效的汇率风险管理对于降低企业经营成本日益重要。因此，对于这类租赁企业来说，其外币负债和支出规模大，而收入主要来源于境内人民币租金，本外币币种严重错配，如果允许其境内收取外币租金，将使企业能够更好地规避汇率风险，减少汇兑损失，降低财务成本。

（二）获得国家外汇管理局批复

2017年9月，国家外汇管理局下发《国家外汇管理局综合司关于在上海外高桥保税区、外高桥保税物流园区、洋山保税港区、浦东机场综合保税区开展经营性租赁收取外币租金业务的批复》（汇综复〔2017〕31号），批复同意在上述四个海关特殊监管区域注册开展经营性租赁业务的租赁公司，如用于购买租赁物的资金50%以上来源于自身国内外汇贷款或外币外债，或者租赁物是从境外租入并需要对外支付外汇租金的，可以外币形式收取租金。

二、业务开展情况

（一）整体情况

上海市外汇管理局严格按照总局“坚持风险管理、底线思维”等要求，采取多项措施，会同上海自贸区管委会保税区管理局共同推进该项业务开展。总局批复后，上海地区开展经营性租赁收取外币租金业务的SPV公司共有38家，分别隶属于中飞租、国银租赁、交银租赁、招银租赁、东航租赁五家租赁公司，业务合作银行包括建设银行、交通银行、中国银行、进出口银行、招商银行、光大银行、澳新银行、工商银行八家银行。截至2018年6月底，上海共发生经营性租赁收取外币租金金额合计1.54亿美元，租赁期限以96个月和144个月为主。2017年末业务量在2个月内已超过0.23亿美元，2018年上半年累计业务量合计金额达1.32亿美元，其中第一季度业务量合计金额0.57亿美元，第二季度业务量合计金额0.75亿美元，环比增长31.6%。

（二）业务特点

一是实行专户管理。银行按要求为租赁公司开立经常项目外汇账户，在开户资料及业务系统中对账户进行标识，同时建立台账登记，对经营性租赁收取外币租金业务进行专门管理。二是明确租金使用范围。区内租赁公司的外币租金收入一般不得结汇使用，外币租金支出应符合归还外债、母公司委托贷款、国内外汇贷款，支付境外租金、境外购买租赁物货款等规定。三是业务真实性由银行把握。各合作银行均制定了完善的内控制度及业务办理操作流程，严格遵循“了解你的客户”“了解你的业务”“尽职审查”展业三原则，对经营性租赁收取外币租金业务的真实性和资料的一致性进行审查。

三、风险防范措施

为确保在上述四个海关特殊监管区域开展经营性租赁收取外币租金业务顺利实施，在坚持底线思维、高效处罚的基础上，有效防范和管理可能出现的风险，上海市外汇管理局制定了相应的业务操作和风险防范措施。一是业务监管部门实行双向指导。保税区管理局指导获得租赁资格的企业制定相应的操作规程和内部风险防控措施。其中，操作规程包括专用账户开立、收支管理、结汇管理、账册管理、数据报送等相关内容，并指派具体财务人员负责专用账户的管理和使用。上海市外汇管理局指导业务经办银行制定相应的操作规程和风险防控措施，并明确对业务账户的开立、专人管理、定期报送数据等要求，业务经办银行如发现租赁企业未按合同约定收取租金，租金收取金额异常波动等情况应及时报告。二是加强动态监测与核查力度。定期开展对租赁公司和相关金融机构的非现场监测和现场核查，防范和化解业务风险。上海市外汇管理局按要求设定专人专岗，每月通过跨境资金流动与监测系统筛查企业收取外币租金的数据，跟踪监测租赁企业业务开展情况，发现数据申报不够完整等情况，及时通知银行整改。对于异常情况及时进行风险提示、现场核查或检查，确保业务合规。三是加强违规处罚。对获得资格的租赁业务联合开展定期评估和专项核查，及时了解业务进展，一旦发现值得关注的新情况和风险隐患，及时商讨解决。在非现场监测、现场核查中，对于未开展业务、存在不按合同规定收取外币租金、数据申报错误或租金收取金额异常波动的企业进行重点关注，对违反规定的租赁企业和金融机构给予约谈、警告、暂停办理相关业务等处理，对于情节严重的依据《中华人民共和国外汇管理条例》进行处罚。

（二）金融监管

2017年，上海银行业持续防范和化解信用风险。连续五年开展不良贷款压力测试，监测大额贷款企业信贷风险。组织开展信用风险专项排查，发现五级分类不准确信贷资产84亿元及重大信用风险隐患31亿元，发现高风险担保圈96个，合计授信余额89亿元。指导“押品信息处置平台”上线，入驻金融机构78家，上架押品数量50项，涉及金额52亿元。防控交叉金融业务风险。截至2017年末，上海非信贷资产余额8万亿元，占全部资产的比重较年初下降4.3个百分点，资金“脱实向虚”势头得到遏制。盯防房地产市场风险。深入开展土地交易资金来源核查，严惩银行资金违规进入土地拍卖环节，依法罚没金额420万元。完善个人住房信贷运行监测体系，掌握差别化个人住房贷款政策执行效果。隔离社会金融风险。保持案防高压态势，加强对账管理，强化对员工异常行为的排查力度。P2P分类处置及交易场所清理整顿工作取得阶段性成效，对87家重点网贷机构开展专项核查。研究制定防范非法集资工作机制和账户资金异动线索处理办法，强化防非监测机制建设。推进“现金贷”“校园贷”清理整顿，约谈和检查上海33家现金贷企业，督促11家校园贷企业暂停相关业务。

2017年，上海证监局牢牢守住不发生系统性风险的底线，持续推进依法全面从严监管，切实维护投资者合法权益。加强公众公司风险防控，重点防控强制退市、破产重整、债券兑付危机、控制权争夺、内部控制等风险。加强证券期货经营机构风险防控，重点盯防资管、债券两大风险领域。防范金融交叉风险，积极稳妥推进股权众筹风险专项整治清理整顿阶段工作，协调推进清理整顿各类交易场所“回头看”工作。严厉打击非法证券期货活动，2017年共办结打非案件线索68件，积极向公安机关移送线索。严厉打击各类违法违规行为，鲜言背信损害上市公司利益案移送公安机关；鲜言操纵案、徐留胜操纵案相关行政处罚决定落地，罚没金额均超过1亿元，其中鲜言操纵案违法主体被罚没金额达34.7亿元，创证监会有史以来最大罚单纪录。督促证券期货经营机构落实《证券期货投资者适当性管理办法》，组织专题培训。多层次全方位开展投资者宣教活动。

上海保监局共新建或修订20余项监管制度，健全全覆盖、全流程、风险导向的上海保险公司“一梁三柱”非现场监管制度体系。严查重罚，形成保险机构“不愿违规、不敢违规、不能违规”的市场导向。重点整治车险市场秩序。精准打击销售误导行为，规范销售管理行为。开展销售管理专项整治和监管抽查。着力加强行政许可准入管理。全面排摸风险底数，跨前消除风险隐患。

2018年，继续加强互联网金融风险等的专项整治与处置。稳妥推进对互联网资产管理、ICO及虚拟货币交易场所等64家机构的整治验收工作。对代表性的跨界资管机构开展行政检查，引导跨界资管分领域13家重点企业逐步无风险退出互联网资管业务。积极参与处置民营企业经营金融业风险。规范支付服务市场秩序，依法做好支付机构执法检查和行政处罚，完成对3家支付机构、4家金融机构的执法检查，对17家支付机构、2家金融机构实施了行政处罚。稳妥推进上海47家支付机构和15家存管银行的客户备付金集中交存。累计对46家涉嫌无证从事支付业务机构开展调查取证，完成12家无证从事支付业务机构的认定，推进后期整改。排查非银行支付领域涉嫌非法集资风险。

专栏2–5　推动支付发展，维护金融稳定

一、支持支付机构开展跨境人民币支付服务

为积极支持跨境电子商务，扩大人民币跨境使用，规范和促进上海支付机构跨境人民币业务发展，在《关于上海市支付机构开展跨境人民币支付业务的实施意见》框架下，中国人民银行上海总部进一步加大推进符合条件的机构开展跨境人民币支付业务的工作力度，着力提升和引导支付机构在规范、稳健经营中谋求创新和发展的积极性。截至2017年末，上海市共有12家支付机构先后与176家境内商户、

3 026家境外商户签订了合作协议，办理跨境人民币支付102 454.92万笔，金额1 420.72亿元。

二、强化支付机构管理，维护支付服务市场秩序

组织上海支付机构开展分类评级自评估，并对支付机构上一年度经营情况开展现场调查、取证并评分，完成支付机构年度分类评级初审工作。指导支付机构、备付金银行开展备付金集中交存专户开户、客户备付金账户余额报送等工作，并开展支付机构全额交存客户备付金试点。督促支付机构进一步加强支付账户实名制认证、审核力度。推进支付机构监管信息系统二期项目建设，上线“双活”新架构，通过系统优化强化备付金核对校验工作。审核各家支付机构续展申请及日常重大事项变更。稳妥推进个别支付机构支付业务退出。依托警银协作机制，加快行政案件向刑事案件移送。加大与金融办、公安部门间的信息共享力度，加强支付机构风险研判和宣传教育，维护上海市支付服务市场良好秩序。共对48家支付机构、3家备付金银行及1名个人进行了行政处罚，累计罚没款金额共计人民币12 217 443.47元。

三、稳妥开展无证经营支付业务整治、违规交易场所和微盘交易平台清理整顿

组织上海市银行和支付机构开展支付业务风险排查，并做好对无证机构支付接口和资金结算通道的清理工作。分析上海市涉嫌无证从事支付业务机构的银行账户交易流水，并对各家机构开展交易测试，跟踪资金流向，为收集证据提供线索。协调人民银行其他分支行收集上海机构无证从事支付业务的证据。对部分支付机构和银行与无证机构的业务合作情况开展了现场核查。统筹考虑无证机构的业务量、风险状况、配合程度等，一家一策、分类施策、疏堵结合。组织上海市各银行和支付机构对“微盘”交易平台和违规交易场所开户情况进行排查，停止对“微盘”交易平台提供支付结算服务，并做好违规交易场所的清理准备工作。

六、国际金融中心建设推进情况

2017年，上海国际金融中心建设取得重要进展，自贸区金融创新稳妥有序推进，金融市场和金融机构体系进一步健全，金融资源配置能力和服务实体经济特别是“一带一路”建设、科创中心建设能力明显提升，金融风险防范和化解工作不断加强。

（一）上海国际金融中心服务能级持续提升

一是金融市场资源配置能力进一步增强。金融市场推出了双创债、自贸区市政债、绿色债、扶贫债等，俄铝公司发行了首单“一带一路”熊猫债，成功推出了两只绿色债指数。中央国债登记结算公司在沪设立上海总部和中债金融估值中心、担保品业务中心，发布上海关键收益率（SKY）。上海聚集了股票、债券、期货、货币、票据、外汇、黄金、保险、信托等各类金融要素市场，成为全球金融要素市场最齐备的城市之一。

二是国际性、功能型金融机构和组织

进一步集聚。人民币全球跨境支付清算系统（CIPS）二期顺利建成。全球中央对手方协会（CCP12）实质性运行，发布CCP12量化披露实务标准。中国农业发展银行上海资金交易中心落户上海。

三是新兴金融业态规范发展。推动全市小额贷款、融资担保领域“证照分离”与“放管服”改革等有关工作。推动互联网小贷业务备案相关工作。支持私募领域创新发展。继续推进合格境外有限合伙人（QFLP）和合格境内有限合伙人（QDLP）在沪健康发展。

四是金融发展环境进一步优化。加强金融法治建设，中央全面深化改革委员会审议通过《关于设立上海金融法院的方案》。成立了上海金融仲裁院、金融纠纷调解中心等。成功举办2017陆家嘴论坛和2017年金融中心国际咨询委员会会议。金融人才服务工作力度不断加大，陆家嘴金融城、沿黄浦江金融集聚区建设成效显著。

（二）自贸试验区金融开放创新进一步深化

一是继续推动金改“40条”落地实施。2017年，上海发布全国首张自贸试验区金融服务业对外开放负面清单指引。一批上海自贸试验区金融创新试点措施在全国复制推广。例如跨境双向人民币资金池、跨国公司外汇资金集中运营管理试点、外商投资企业外汇资本金意愿结汇等。共发布八批95个自贸试验区创新案例，有效宣传推广了自贸试验区金融创新政策。

二是进一步拓展自由贸易账户的服务范围和主体。自由贸易账户服务的主体范围拓展到“上海科技创新执业清单”内的企业，实现了账户向自贸区外的复制推广。2017年，已经为近千家科创企业开立近1 300多个自由贸易账户。

三是依托自由贸易账户创新金融服务。成功搭建自贸区首个全功能型跨境双向人民币资金池并投入运营，为企业提供自有资金归集、集中收付等全方位服务。截至2017年末，区内共有56家单位接入分账核算单元体系，累计开立自由贸易账户约7万个。

四是稳步推进面向国际的金融交易平台建设。黄金国际板、“沪港通”、“债券通”北向通陆续推出，原油期货正式上线运营。上海清算所推出了自贸试验区铜溢价和乙二醇进口掉期中央对手清算业务。

专栏2-6　立足人民币国际化　推动上海国际金融中心建设

面对复杂多变的国际国内经济金融形势，人民银行上海总部在人民银行总行、上海市政府的正确领导下，与相关主管部门通力协作，紧紧围绕“到2020年基本建成与我国经济实力和人民币国际地位相适应的国际金融中心”要求，认真做好上海市人民币跨境资金流动宏观审慎管理，扎实推动自贸区金融改革各项创新工作，不断推进贸易和投资的便利化，持续提升人民币跨境金融服务水平。2017年上海市人民币跨境业务发展平稳，势头良好，业务量和业务创新继续走在全国前列，为上海国际金融中心建设贡献力量。

一、人民币跨境收支总量领跑全国，收支结构更趋均衡

2017年，上海市人民币跨境业务实现结算额3万亿元，同比增长32%，业务总量继续保持全国首位。2010年至2017年，上海市年人民币跨境业务结算金额从466亿元增长到3万亿元，年均增长率达到80%，占全国结算量的比例从11%上升至32%。2017年全年净支出2 255亿元，同比下降67%，收付比1：1.16，收支结构更趋平衡。分项目看，货物贸易、服务贸易、收益、直接投资、证券投资等业务均领跑全国。其中，货物贸易结算量5 772亿元，占全国结算量的18%，服务贸易结算量2 049亿元，占全国结算量的35%；收益项下结算量1 270亿元，占全国结算量的26%；直接投资结算量5 637亿元，占全国结算量的34%；证券投资结算量14 601亿元，占全国结算量的70%。

二、跨境证券投资爆发式增长，夯实国际金融中心基础

2017年上海市证券投资项下人民币跨境结算量14 601亿元，同比激增236%，在全国证券投资结算量中的占比高达70%。人民币跨境证券投资业务集中于上海，夯实了上海国际金融中心的基础。除业务量显著增长外，业务类型也更加丰富多样，其中，境外机构投资银行间债券市场（CIBM）业务结算量3 366亿元，沪港通业务结算量5 427亿元，债券通（北向通）业务结算量1 236亿元，QFII/RQFII/QDII/RQDII业务结算量合计1 817亿元，陆港基金互认业务结算量125亿元，境外机构发行熊猫债20亿元。

三、市场参与主体进一步扩大，国际清算网络进一步拓展

一是市场参与主体进一步扩大。截至2017年末，上海市已有110家银行业金融机构共1 030个分支机构开展人民币跨境业务，为涉外企业提供包括结算、贸易融资、资金集合管理、财务顾问等多样化跨境人民币金融服务。业务量前十位的银行中，中资行6家、外资行4家。截至2017年末，上海市有5.8万家企业和机构在跨境贸易、投资中使用人民币作为计价、结算和投融资货币，较上年末增加1.6万家。

二是人民币国际清算网络进一步拓展。全市商业银行为境外银行开立人民币同业往来账户1 718个，较上年末增加283个，余额2 775亿元，较上年末增加1 979亿元，覆盖100多个国家和地区；为境外机构开立人民币结算账户6 556个，较上年末增加1 121个，余额480亿元，较上年末增加247亿元，上海跨境人民币结算的服务功能进一步提升，清算网络的覆盖面继续扩大。

四、金融市场开放加速进程，提升上海国际影响力

随着人民币国际化深入推进，股票、债券、外汇、黄金、期货等金融市场开放程度明显加快。人民币跨境支付系统（CIPS）等基础金融设施不断完善。截至2017年末，人民银行上海总部直接代理42家境外央行类机构管理人民币外汇储备，上海商业银行共为境外央行类及主权财富类机构开立了60多个账户并提供相关的金融服务。初步统计，2017年，基于金融市场开放而引发的跨境资金流动近1.3万亿元。总体看，人民币国际化对上海国际金融中心的助推作用显著增强。

五、“一带一路”业务发展迅速，桥头堡功能充分体现

人民币国际化在上海“一带一路”建设中发挥积极作用，与上海发生业务往来的“一带一路”国家数量和结算量都有显著增长。2017年，上海共与61个“一带一路”国家中的51个发生人民币跨境收支往来，比上年增加4个。人民币跨境结算量3 682亿元，同比增长31%，上海作为“一带一路”桥头堡的功能得到充分体现。

截至2017年末，上海市金融机构共为47个“一带一路”沿线经济体开立了580个人民币同业往来账户，基本建立了覆盖“一带一路”沿线各国的人民币跨境清算网络。

（三）金融服务实体经济和科创中心功能不断增强

一是服务国家重大战略和经济高质量发展。服务“一带一路”建设，上海银行业通过“专门组织、专用额度、专立基金、专项授权”，对“一带一路”信贷业务实行资源倾斜和开展产品创新。上海保险业积极服务“一带一路”建设，基本实现“一带一路”沿线国家出口信用保险保障全覆盖，2017年支持“走出去”项目28个、涉及承保金额19.6亿美元。大力支持长江经济带建设，截至2017年末，上海主要银行业金融机构用于支持长江经济带贷款余额为4 678.9亿元，占全辖同期各项贷款余额的7%。促进经济高质量发展，为战略性新兴产业提供精细化信贷服务，2017年末上海中资银行（不含村镇银行）金融机构战略新兴产业贷款余额为1 083.6亿元。利用保险手段提高先进制造业抗风险能力，加大首台（套）重大技术装备保险推动力度。

二是健全科技金融服务机构和产品体系。设立上海科创母基金。2017年9月揭牌成立，目标管理规模为300亿元人民币，首期募资规模65亿元，重点投向信息技术、生物医药、先进制造和环保新能源等行业。积极发挥上海股权托管交易中心“科技创新板”作用。已有七批172家科创企业成功挂牌，挂牌企业分布于先进制造、节能环保等15个新兴行业，融资总金额19亿元。支持全市大型政策性融资担保基金更好服务科创型中小企业。截至2017年末，担保基金与38家银行签署合作协议，累计完成担保项目7 133笔。建立覆盖全市的科技银行网络。推动商业银行设立重点服务科技产业的科技支行、科技特色支行和专属科技金融部门，已设立科技支行近百家，形成了覆盖全市的科技金融服务网络。积极推动保险产品创新。上海成立全国首个专利保险联盟，开展专利综合保险和专利质押融资保证保险。截至2017年末，上海银行业金融机构科技型企业贷款余额2 071.3亿元，较上年增长38.1%。

三是积极营造良好的科技金融发展环境。构建科技融资服务平台。市金融办、张江高新管委会搭建22家科技融资服务平台，累计帮助478家企业获得创投支持资金78.9亿元，累计帮助3 630家企业获得科技信贷金额151.7亿元。开展银税互动合作。2017年，上海银税互动信息服务平台上线，为全国首个由税务与银监部门合作开发、行业组织承建的银税互动平台。

专栏2-7 构建支持上海科创中心建设的"4465"科技金融框架体系

针对当前机制体制与科技金融发展的主要矛盾，2017年9月，上海银监局与上海市科委联合发布《上海银行业支持上海科创中心建设的行动方案（2017～2020年)》，指导上海商业银行坚持经营理念的"四可原则"（商业可持续、政策可托底、风险可控制、激励可相容），实现经营模式转变，提出优化科技金融生态系统、加大对科研基础设施和科技创新布局的金融支持力度等六项主要任务，以及发挥银行监管与政府扶持的协同效应等五项保障措施，以此构建上海特色的"4465"科技金融框架体系。

一是科技金融业务规模持续扩大。截至2017年末，上海银行科技金融和投贷联动试点业务稳步增长，科技型企业贷款余额首次突破2 000亿元。科技型企业贷款存量家数为5 235户，较上年末增长21.66%；贷款余额2 071.27亿元，增长38.05%，高于同期上海整体贷款增速25个百分点。其中，科技型中小企业贷款存量客户数4 680家，贷款余额1 120.83亿元，分别增长18.69%和34.23%。

二是投贷联动试点工作有序推进。上海银监局制订了上海投贷联动具体实施方案及细则，已初步建成投贷联动监测体系。截至2017年末，投贷联动项下贷款存量企业家数315家，同比增长72.13%；贷款余额合计60.90亿元，同比增长133.06%。自2016年以来，上海相关银行业机构累计为391家科创企业提供投贷联动服务，累计发放贷款139.22亿元。国开行上海分行依托总行投资子公司国开科创对上海郑明现代物流有限公司实现内部投贷联动，系上海首单试点框架下银行全资投资子公司投贷联动业务破冰，为上海试点法人银行机构投贷联动业务提供了宝贵的经验，具有重要意义。

三是创新科技金融产品不断涌现。金融机构积极拓展多样化科技金融服务，创新开发了一批科技金融整体服务方案和科技金融专属产品，如浦发银行的"FT科创跨境通"、广发银行的"先行免息阶梯利率"，上海农商行的"鑫科贷"等。

四是风险可控。上海银监局鼓励商业银行抓住"人、制度、系统"等机制创新的核心环节，进一步提高专业化经营和风险管理水平。截至2017年末，上海科技金融贷款不良率下降0.24个百分点至0.37%，低于上海整体贷款0.57%的水平。投贷联动项下贷款无不良。这在国际公认的"死亡之谷"领域尤显可贵。

五是科技金融服务队伍不断壮大。截至2017年末，上海科技特色支行90家，较上年末增加12家，增速为15.59%；科技金融从业人员1 483人，增加129人，增速为9.53%；挂牌科技支行新增1家。2017年9月6日，上海银监局向工商银行上海市分行核发张江科技支行金融许可证。这是上海银监局在上海市科创中心建设以及大型银行分行业务转型需求背景下，具体指导和支持大型银行上海市分行设立的首家大型银行科技专营支行。

专栏2-8　上海股权托管交易中心加快“科技创新板”建设

上海股权托管交易中心科技创新板于2015年12月28日开盘，是一个产业特色鲜明、制度创新先进的全新专业化资本市场板块。截至2017年末，挂牌企业已达171家，分布于先进制造、信息技术、节能环保、生物医疗等20个新兴行业，并在多方面取得进步。

发挥市场功能方面，截至2017年末，已有110家次挂牌企业在挂牌前后实现股权融资额10.93亿元；139家次企业通过银行信用贷、股权质押贷及科技履约贷模式实现债权融资8.98亿元；科技创新板累计共产生536笔交易，交易总金额3.16亿元、交易总股数1.11亿股，成交价格平均值6.80元/股。

促进挂牌企业发展方面，登陆科技创新板的挂牌企业经上海股权托管交易中心的培育和显著增信，迅速发展壮大，在所处行业取得领先水平。挂牌企业英佛曼建成投产国内首个先进的纳米涂层技术产业化生产线；华龙股份参与生产的万吨压剪试验机，是全球最大的试验机产品；海勃膜作为细分行业龙头，各类资质级别已经达到国内膜结构建筑企业的最高级别。2016年挂牌企业业绩平均增长率高达437.93%。

构建综合金融服务平台方面，上海股权托管交易中心为挂牌企业搭建起了由银行、券商、担保、保险与私募股权投资基金等多种金融服务要素组成的综合金融服务平台。根据国务院文件精神，吸引券商参与市场，授予长江证券等中介机构资质，申银万国证券研究所等知名券商为科创板挂牌企业出具研究报告；促进银行、融资担保机构与挂牌企业合作，促成浙商银行给予浦东融资担保公司4亿元授信，全部用于科技创新板挂牌企业，促成上海市中小微企业政策性融资担保基金管理中心给予科技创新板挂牌企业5亿元的担保额度。

业务创新方面，上海股权托管交易中心成功发布“科技创新板指数”，帮助市场和投资者了解板块整体运营情况；2016年，挂牌企业纽岜博成功引入跨境股权融资，2017年首单挂牌企业天旅航空FT跨境债转股融资业务成功落地，为科创型中小企业吸引境外投资探索了一条全新的道路；成立“并购路演中心”，向上市公司、产业基金、并购基金及其他股权投资机构等进行定向信息推送。

（四）金融风险防控工作得到有效推进

上海坚持“健机制、强监管、早发现、打重点、常宣传”的工作思路，着力打造上海金融安全区。

一是构建风险监测预警体系，依法稳妥落实源头管控。探索建设新型金融业态监测分析平台，对全市网络借贷、线下理财等类金融企业开展实时动态监测。建立商业银行资金账户异动监测机制。依托城市网格化管理平台发现涉非线索，完善金融风险舆情监测系统，健全金融风险监测预警协作机制，及时有效识别重大风险隐患。

二是依法打击非法金融活动，持续整顿规范金融秩序。统筹推进上海互联网金融风险专项整治、各类交易场所清理整顿、非法集资专项排查等专项整治工作，分层分类逐步化解存量风险。依法稳妥化解跨区域风险，有效遏制“套路贷”“退保理财”等违法违规行为。

三是多措并举加强制度保障，不断强化金融活动规制。创新构建自由贸易账户监测管理信息系统，创造性建立机构、风险、产品“三位一体”的银行业监管治理架构，健全全覆盖、全流程、风险导向的上海辖区保险公司非现场监管制度体系，推动事中事后监管制度创新。率先细化网贷行业监管要求，探索建设各类交易场所统计监测和风险预警平台，规范新型金融业态发展。

七、金融消费权益保护工作情况

（一）投诉受理、处理工作

进一步完善金融消费者投诉受理、处理机制，畅通投诉受理、处理渠道，提高投诉受理、处理效率。2017年全年，上海12363金融消费权益保护咨询投诉电话共接听来电14 010通，其中有效投诉4 772件、咨询3 885件。此外，上海市金融消费纠纷非诉第三方解决机制试点工作进一步开展。2017年9月，上海市金融消费纠纷调解中心召开中立评估机制应用座谈会，正式启动中立评估机制试点工作，进一步健全金融消费纠纷非诉解决机制，公正、高效地处理金融消费纠纷。截至2017年末，上海市金融消费纠纷调解中心共调解金融消费纠纷490起，调解成功389起，调解成功率79.39%，社会反响良好。

专栏2-9　创新纠纷非诉解决机制，构建一站式矛盾化解平台

根据党中央、国务院对建立金融消费纠纷非诉解决机制的工作部署，中国人民银行上海总部、中国人民银行金融消费权益保护局和上海市金融服务办公室共同推动成立了上海市金融消费纠纷调解中心。中心成立三年来，在构建“投诉+调解+裁断”一站式矛盾化解机制，润滑金融机构与消费者的关系，营造和谐稳定的金融法治环境方面发挥了积极作用。

一、调解服务方式不断完善

为提高调解服务质量，中心先后推出了现场调解、电话调解、在线调解、夜间调解、视频调解、外语调解、手语调解等多种便民调解方式。目前，中心主导开发的中国金融消费纠纷调解网正式上线运行，联系了全国多个省级和地市级调解组织，未来将进一步构建覆盖全国的金融消费纠纷调解网络。

二、创新建立小额纠纷快速解决机制

2016年3月，中心通过与金融机构签订备忘录的方式，推出了小额纠纷快速解决机制。根据该机制，赔付金额在5 000元以下，且经调解当事人无法协商一致的纠纷，由调解员提出解决纠纷的调解意见，消费者可选择是否接受该意见，若不接受，则该意见仅供参考。该机制提高了小额纠纷的解决效率，有效节约了消费者和金融机构的纠纷处理成本。

三、推进中立评估机制试点工作

中心聘请与纠纷本身和纠纷各方均无利害关系的独立的专家，对无法通过调解解决的纠纷，基于对纠纷各方当事人陈述及所提交的证据材料的综合考量，作出建议性的评估报告供当事人参考。中立评估机制为纠纷双方提供了专业且公正的参考意见，为妥善解决疑难纠纷提供了有效途径。

四、设立基层调解工作联络站

中心陆续在全市各商业银行、信用卡中心、非银行支付机构设立了50个调解工作联络站，金融消费者可通过工作联络站向中心申请调解员上门调解和网上调解服务，使矛盾纠纷早发现、早控制、早解决。

五、全面建立诉调对接机制

中心与上海市高级人民法院签订了《关于建立金融消费纠纷诉调对接工作机制的会议纪要》，并先后与上海市第一中级人民法院，第二中级人民法院以及浦东新区，黄浦、虹口、长宁等多家基层人民法院建立了诉调对接机制。保证了调解中心调解结果的法律约束力，提高了争议解决的效率，有效保障了消费者和金融机构的合法权益。

（二）监督检查工作

一是积极推动制度建设。组织培训，深度解读《中国人民银行金融消费权益保护实施办法》，确保相关要求有效落地。研究、起草《金融消费权益保护机构评估实施细则》及配套指标体系，提高评估工作的规范性、科学性和有效性。积极参与消费者权益保护相关立法工作。

二是稳步开展监督检查。通报2016年金融消费权益保护监督检查情况，组织开展2017年支付服务领域金融消费权益保护专项检查。坚持问题导向，在检查覆盖面、问题切入点及后续处理等多个方面形成了良好经验。

三是持续推进机构评估。继续开展金融消费权益保护机构评估，并对全国的情况进行分析、总结。对上海地区的机构评估情况进行了通报，充分发挥上海金融机构的自查自纠作用，提升了金融机构对金融消费权益保护工作重要性的认识。

四是强化案例公示和监管信息披露工作。收集、整理并深入剖析人民银行系统执法检查和投诉处理方面的典型案例，为人民银行分支机构和金融机构解决金融消费权益纠纷、依法履职和合规办理业务提供了案例指导和经验借鉴。

五是全面启动金融广告治理工作。多方调研，初步形成金融广告治理工作总体思路、实施方案和具体措施。加强与相关监管部门、行业协会沟通协调，搭建协作机制。启动金融广告治理工作，并将金融广告治理纳入金融消费权益保护监督检查体系之中。

六是不断强化理论研究和国际交流。加强个人金融信息保护、行为监管等方面的理论研究，完成《个人金融信息保护立法》《互联网金融背景下跨区域金融消费者保护工作机制研究》等课题研究。亚洲开发银行技术援助项目“构建中国行为监管机制”顺利启动。积极参与国际交流，与亚洲开发银行、国际金融消费权益保护组织

（FinCoNet）就金融消费权益保护工作研究保持密切合作。

（三）金融消费者教育工作

金融消费者教育工作成效显著。一是开展集中性的金融消费者教育活动。在“3·15”期间开展“金融消费者权益日”活动，联合上海银监局、上海市银行同业公会和招商银行上海分行在中远两湾城社区广场举办“金融消费者权益日”暨“银行业金融知识万里行”上海地区启动仪式。6月，针对低净值人群推出“普及金融知识，守住‘钱袋子’”活动，指导交通银行深入临汾路街道开展针对老年人的金融知识普及现场活动。二是大力推进金融知识纳入国民教育体系。积极与上海市金融办和教育部门沟通协调，编写适用于小学生的金融知识普及读本《金融诚信伴我行》，推进金融知识进入中小学课程。三是制作金融知识普及宣传材料。联合国家广播电影电视总局和中国互联网金融协会制作发布公益广告宣传片《请明辨互联网金融广告的真假》，在中央电视台播放。制作《一图教你识别非法金融广告》等长微信，通过人民银行团委微信公众号“成方三十二”设立“金融315”和“守住钱袋子”专栏发布。

八、法治建设情况

2017年，党的十九大和第五次全国金融工作会议召开，上海金融改革创新持续深化，金融基础设施不断完善，制度创新深度推进。我国金融法治建设也取得长足进步，上海国际金融中心法治环境建设取得了有效成绩。

（一）金融立法不断完善　金融环境持续优化

1. 国家金融法律法规不断健全

在深化改革的形势下进一步促进对外开放，有利于提升经济金融发展质量。年初，国务院发布《关于扩大对外开放　积极利用外资若干措施的通知》（国发〔2017〕5号），从宏观层面对我国对外开放基本国策和开放型经济体制中外资利用作了新的阐述，加大对外开放，创造公平竞争环境，涉及全面实施准入前国民待遇加负面清单管理制度，制定财税支持政策，完善国家级开发区综合投资环境等内容。2017年3月和6月，国务院、国务院办公厅分别发布《全面深化中国（上海）自由贸易试验区改革开放方案》（国发〔2017〕23号）、《自由贸易试验区外商投资准入特别管理措施（负面清单）（2017年版）》（国办发〔2017〕51号），在加快构建开放型经济新体制和新一轮改革开放的要求下，制定了包括加强改革系统集成，建设开放和创新融为一体的综合改革试验区、加快同国际通行规则衔接、转变政府职能等在内的纲领措施。11月4日第十二届全国人民代表大会常务委员会第三十次会议决定修改《中华人民共和国中外合作经营企业法》，以促进和扩大对外经济合作和技术交流，促进外国企业和其他经济组织或者个人按照平等互利的原则，与中国境内企业和经济组织合作举办企业。

加强多层级资本市场建设，鼓励民间投资，保护投资者合法权益。证监会出台《证券期货投资者适当性管理办法》并于2017年7月1日正式施行，成为资本市场重要的基础性制度，其核心在于强化对证券、基金、期货经营机构“卖者有责”的要求，让经营机构在获取经营收益的同时承担法定义务，确保权利义务统一，切实防范片面追求经济利益，向风险承受能力不足的投资者推介高风险证券期货产品，损害投资者合法权益。国务院办公厅就区域性股权市场发布《关于规范发展区域性股权市场的通知》（国办发〔2017〕11号），对区域性股权市场的监管机关、风险防范、运营机构活动等基本制度和监管规则进行了规定，对于提高政府的行政服务效率，降低市场主体的交易成本，激发市场活力和社会创新力具有积极意义。国务院办公厅针对民间投资工作，出台《关于进一步激发民间有效投资活力　促进经济持续健康发展的指导意见》（国办发〔2017〕79号），优化营商环境，推动产业转型升级，支持民间投资创新发展，鼓励民间资本参与政府和社会资本合作项目（PPP），降低企业运营成本，增强民间投资活力和为民间资本提供多样化融资服务，进一步增强民间资本在国民经济金融发展中的作用。

发展绿色金融体系，支持普惠金融发展。中国人民银行、中国证监会于2017年10月27日发布了《绿色债券评估认证行为指引（暂行）》，进一步促进了绿色债券的发展和繁荣。10月，《融资担保公司监督管理条例》正式施行，为支持普惠金融发展，促进资金融通，规范融资担保公司的行为并防范风险提供了法律依据，就融资担保公司的设立变更终止、基本经营规则、监督管理以及行为对应法律责任作了规定，结束了我国融资担保市场的乱象，促进了融资担保业务持续健康发展。中国人民银行发布《关于规范支付创新业务的通知》（银发〔2017〕281号），规定了开展支付创新业务应当事先报告，维护支付服务市场公平竞争秩序，加强终端管理，规范小微商户收单业务，加强管理代收业务等在内的八项具体措施，旨在提升新经济环境下我国支付业务的发展和安全，提升人们生活便利性和商业效率。10月1日，证监会发布的《证券公司和证券投资基金管理公司合规管理办法》正式施行，促进证券公司和证券投资管理公司加强内部合规管理，实现持续规范发展。

2. 金融中心地方立法稳健推进

10月，上海市人大常委通过《上海市社会信用条例》，这是上海出台的全国首个综合性地方信用立法，是对国家信用改革战略性任务的落实，也是上海信用体系建设的里程碑。信用条例的正式实施，使信用与经济建设、个人生活结合越来越紧密；条例对健全信用管理、信用信息的利用、信用奖惩、信用文化建设与信用服务市场发展作了相关规定。同时，《上海市单用途预付消费卡管理办法》也加快立法过程，以制止无序开展商业信用，滥发卡，扰乱市场秩序，侵害消费者权益，影响行业健康发展的现象。

为了进一步深化中国（上海）自由贸易试验区改革开放、与金融中心建设联动，上海市第十四届人民代表大会常务委员会第三十四次会议作出了《关于修改〈上海市人民代表大会常务委员会关于在中国（上海）自由贸易试验区暂时调整实施本市有关地方性法规规定的决定〉的决定》，为自贸区建设保驾护航。

（二）金融监管措施频出　金融稳定全面落实

2017年被称为金融市场“强监管”年，严监管和防风险成为全年的关键词。2017年7

月第五次全国金融工作会议决定设立国务院金融稳定发展委员会，以强化宏观审慎和系统性风险防范。中共十九大提出应当“健全金融监管体系，守住不发生系统性金融风险的底线”。中央政治局会议先后提出了“维护国家金融安全”“整治金融乱象”“防范化解重大风险”和“增强金融服务实体经济能力”等工作任务，明确新时期金融体制改革重心已经转向服务实体经济、货币政策与宏观审慎政策双支柱调控、守住系统性风险底线三个层面。2017年12月召开的中央经济工作会议，强调今后3年要打好防范化解重大风险、精准脱贫、污染防治三大攻坚战，重点防控金融风险，促进金融与实体、金融与地产、金融体系内部的良性循环，打击违法违规金融活动，加强薄弱环节监管制度建设。

金融监管体制改革获得实质性进展。2017年11月8日，国务院金融稳定发展委员会正式成立并召开第一次全体会议，会议明确金融稳定发展委员会在统筹金融改革发展与监管，协调货币政策与金融监管相关事项，分析研判国际国内金融形势、做好国际金融风险应对、研究系统性金融风险防范处置和维护金融稳定重大政策的同时，将指导地方金融改革发展与监管，对金融管理部门和地方政府进行业务监督和履职问责等，并将重点关注影子银行、资产管理行业、互联网金融及金融控股公司等方面问题。

处罚力度加大，大额罚单不断开出。据有关媒体统计，金融监管部门2017年共出台重要监管文件20余个，行政处罚2 700余件，罚没金额超80亿元。

针对资管、银行、证券、保险等行业的一系列金融监管政策频出。由中央银行、各监管机构、外汇局制定的规范金融机构资产管理业务的意见公开征求意见，给跨行业的大资管市场带来震动。2017年5月3日，财政部、发改委、司法部、人民银行、银监会、证监会六部门联合发布《关于进一步规范地方政府举债融资行为的通知》，约束规范地方政府及平台杠杆融资。

银行业方面，2017年3月，中国银监会开展银行业“违法、违规、违章”行为专项治理工作，进行全系统自查，消除风险管控盲区。同日开展银行业“监管套利、空转套利、关联套利”专项治理工作，针对银行同业业务、投资业务、理财业务等跨市场、跨行业等交叉金融业务中存在的杠杆高、嵌套多、链条长、套利多等问题开展专项治理，防范潜在金融风险，引导银行、企业去杠杆。2017年4月，银监会开展银行业“不当创新、不当交易、不当激励、不当收费”专项治理工作，旨在检查银行的金融创新业务、运行情况、创新活动风险，促进建立金融创新的内部管理制度和程序。同月发布《关于集中开展银行业市场乱象整治工作的通知》，组织全国银行业集中整治市场乱象。发布《关于银行业风险防控工作的指导意见》，明确了流动性风险、房地产领域风险、地方政府债务违约风险、债券波动、交叉金融产品风险、互联网金融风险、外部冲击等银行业风险防控重点领域。12月，银监会发布《关于规范银信类业务的通知》，对存在风险隐患的银信通道业务作出细则性的约束，分别从银行和信托公司双方规范银信业务，并提出加强银信监管的要求。银监会还相继通过了国家开发银行、中国进出口银行、中国农业发展银行的监督管理办法，加强对开发性政策性银行的监管，防控金融风险不留死角。

证券期货业方面，2017年2月，证监会修改《上市公司非公开发行股票实施细则》，进一步突出了市场化定价机制的约束作用；同月，证监会对期货公司现行净资本监管制度进行了修订，并将《期货公司风险监管指标管理办法》提升为部门规章，进一步提高期货行业风险监管指标体系的适应性和有效性。2017年6月，《证券公司和证券投资基金管理公司合规管理办法》出台，明晰了董监高以及合规负责人等各方职责、公司合规履职保障、违法违规追责等制度，切实提升公司合规管理有效性，不断增强公司自我约束能力。5月26日，证监会发布了《上市公司股东、董监高减持股份的若干规定》，进一步规范上市公司有关股东及董监高的减持行为。

保险业方面，2017年6月，保监会就进一步加强保险监管、风险防控、打击违法违规行为、构建严密有效保险监管体系、保险业支持实体经济发展等问题，集中下发了系列规范性文件，为行业发展和监管方向定下基调。保监会在1月发布《保险公司合规管理办法》，促进企业合规。7月相继出台《保险销售行为可回溯管理暂行办法》和《信用保证保险业务监管暂行办法》，通过对保险公司、保险中介机构保险销售行为可回溯管理，保存重要信息，明晰问题责任，并进一步规范信用保证保险业务经营行为，加强信保业务监管。发布有关通知，对人身险产品的设计与销售进行了全面规范。

上海市有关部门积极贯彻执行国家金融监管机构的政策规范，出台落实措施。如2017年6月，上海证券交易所修订出台《投资者适当性管理办法》《风险警示板股票交易管理办法》《港股通投资者适当性管理指引》及《股票期权试点投资者适当性管理指引》，落实中国证监会《证券期货投资者适当性管理办法》。上海上市公司协会联合上交所信息网络有限公司共同举办“2017年上海辖区上市公司投资者集体接待日”活动，提升了辖区上市公司透明度，加强了上市公司与投资者的沟通交流与促进了投资者保护。

（三）提升金融司法保障水平　健全多元纠纷解决机制

1. 金融纠纷商事审判数量上升

2017年8月，最高人民法院就落实金融工作会议精神，发布《关于进一步加强金融审判工作的若干意见》，要求充分发挥人民法院金融审判职能作用，促进经济和金融良性循环、健康发展。《上海市高级人民法院工作报告》显示，上海推进金融审判工作体制机制改革，建立完善金融审判体系，五年来，共审结一审金融案件47.8万件，同比上升358.3%。根据上海市高级人民法院发布的年度《金融审判白皮书》与金融商事审判十大典型案例，2016年上海法院共受理一审金融商事案件94 496件，同比上升6.70%，占一审商事案件数量的近七成；审结94 312件，同比上升7.38%。全市法院共受理二审金融商事案件834件，审结790件，收、结案数分别上升4%和7%。其中，银行卡纠纷、金融借款合同纠纷、融资租赁合同纠纷、保险类纠纷、证券期货类纠纷收案数位列前五。

根据2017年11月上海市浦东新区法院发布的《涉自贸试验区金融商事审判白皮书》显示，2017年以来浦东新区法院共受理金融案件35 334件，其中金融商事案件28 512件，金融商事案件中主要新类型案件涉及资产证券化、私募股权投资、类期货交易、场外配资等。白皮书显示2013年11月至2017年10月，浦东法院共受理涉自贸区金融商事案件43 189件，四年分别受理26件、7 737件、17 984件和17 442件。同期共审结涉自贸区金融商事案件42 917件，四年分别审结19件、5 722件、19 401件和17 775件，体现了司法保障自贸区金融稳定大局的良好效果。根据浦东新区人民法院发布的《2017年度金融消费者权益保护审判白皮书》及金融消费者权益保护典型案例显示，2017年浦东法院共受理金融消费者纠纷案件32 605件，共审结32 435件，收案数与结案数均为历年最高。从结案方式看，以判决结案的11 459件，占35.33%；以调解和撤诉结案的20 891件，占64.41%。从案件类型看，信用卡纠纷数量最多，共19 830件，占60.82%；金融借款纠纷数量次之，共9 845件，占30.19%。金融消费者纠纷案件具有以下特点：一是信用卡纠纷增幅显著，金融借款纠纷多集中于消费信用和车辆贷款等方面；二是互联网金融纠纷数量快速上升，案件类型多样化，刑民交叉问题进一步凸显；三是金融创新引发的金融消费者群体性纠纷增多；四是人身保险纠纷增多，外地保险公司应诉率低、调撤难度较大。

2. 打击金融犯罪保障金融安全

2017年4月，最高人民检察院印发《关于充分发挥检察职能依法办理非法集资案件的通知》，对各级检察机关依法办理非法集资案件提出明确要求。6月，最高人民检察院印发《关于办理涉互联网金融犯罪案件有关问题座谈会纪要》，要求积极参与互联网金融风险专项整治工作。7月，最高人民检察院印发《关于认真贯彻落实全国金融工作会议精神　加强和改进金融检察工作的通知》，要求各级检察机关为金融法治、金融安全提供司法保障。12月，最高人民检察院、公安部联合修订印发《最高人民检察院　公安部关于公安机关办理经济犯罪案件的若干规定》，严密和细化了执法办案程序与依据，以促进依法有效惩治经济犯罪，维护市场经济秩序。

《上海市人民检察院工作报告》显示，过去五年（2013年至2017年），上海检察机关坚持案件办理和风险防控同步推进，针对金融犯罪高发态势，建立捕诉研防一体化工作机制，提起公诉7 525件9 920人，同比分别上升35.4%和58%。2017年，上海破获了高频交易操纵期货市场案与非法经营“新三板”股票案等新型案件，为打击证券期货领域新型犯罪，维护金融市场安全作出贡献并提供了有益经验。在伊世顿公司操纵期货市场案中，伊世顿公司利用逃避期货公司资金和持仓验证等非法手段获取交易速度优势，大量交易中证500股指期货主力合约、沪深300股指期货主力合约共377.44万余手，从中获取非法利益人民币3.89亿余元。单位及相关人员的行为构成操纵期货市场罪、职务侵占罪并被处以相应的刑罚。

根据年度《金融检察白皮书》显示，2017年，上海检察机关共受理审查逮捕金融犯罪案件1 217件1 836人，批准逮捕1 525人；审查起诉金融犯罪案件1 662件3 107人。案件共涉及五类19个罪名，包括金融诈骗类犯罪878件1 031人，破坏金融管理秩序类犯罪737件1 986人，妨害对公司、企业管理秩序类犯罪3件5人，扰乱市场秩序类犯罪10件46人，金融从业人员犯罪34件39人。案件数量与2016年基本持平，仍保持高位运行，信用卡诈骗等金融诈骗类犯罪案件数量下降明显，而以非法集资为主的破坏金融管理秩序类犯罪骤升。案件呈现以下特点：金融犯罪风险在金融机构之间交叉传递，持牌金融机构卷入犯罪旋涡；非法集资犯罪案件高发，涉众型金融犯罪风险容易扩散叠加；网络金融犯罪日渐突出，技术风险成为新型金融产品的主要风险之一；内部人犯罪风险需重视，金融机构风险防控和金融消费者风险意识仍需加强。

3. 针对性司法措施陆续推出

2017年9月，上海市人民检察院制定出台《上海检察机关关于充分发挥金融检察职能惩治金融犯罪防范金融风险的意见》，从统一思想认识、明确职责定位、突出工作重点、加强理论研究和人才培养以及推进自贸区检察工作等5个方面，重点防范投融资交易性风险，依法打击直接融资领域欺诈发行证券、内幕交易、操纵证券期货市场以及“新三板”等新兴市场领域案件；依法打击骗取银行信贷资金、虚假理财、非法吸收公众存款、集资诈骗等案件，维护金融机构和社会公众资金安全；加大涉案赃款赃物的追缴力度，依法保护投资者和市场参与者的合法权益，切实维护金融市场秩序。此外，还通过公开发布防范金融风险的短片等，开展以案释法法治宣传教育活动，提升互联网金融风险防范意识。

上海市浦东新区法院自2017年7月起开展了金融商事、刑事和行政“三合一”审判，由金融庭统一负责审理金融商事案件、涉及“一行三会”的金融行政案件以及涉及特定类型的金融刑事案件，实现金融专门人才审理专门案件的效果，打破过往金融商事、刑事和行政案件分别由金融庭、刑庭和行政庭审理的格局，提高金融审判权威，推进金融审判机制改革。

上海司法系统继续通过发布年度金融检察白皮书、金融审判白皮书、典型案例，实现司法公开，发挥司法裁判的规则引领作用。一些基层法院、检察院也发布了金融审判专项白皮书，分析发案趋势特点、原因并提出防控对策和建议。2017年1月，“上海法院庭审公开网”正式开通，实现直播案件庭审的全程公开、全程留痕、全程可视和全程监督。5月，上海法院系统将“人工智能”植入“12368诉讼服务平台”，实现了诉讼服务“全方位、全天候、零距离、无障碍”。

4. 完善金融纠纷多元解决体系

2017年，上海法院加快推进与中国人民银行上海总部、上海保监局、上海银监局、中证中小投资者服务中心有限责任公司以及证券、基金、期货业纠纷联合人民调解委员会等部门的合作，初步形成了一个发挥政府监管、行业自律、社会调解和司法救济等各方优势，基本覆盖金融全行业的系统性纠纷多元解决体系。4月，上海市高级人民法院与上海证监局签署了《关于建立证券、基金、期货业纠纷诉调对接工作机制的合作备忘录》，划分了法院、证监局、调解委员会的各自职责，界定了调解委员会的纠纷调解范围，并对法院和调解委员会之间的案件对接、沟通协调机制作了初步规定。

上海市金融消费纠纷调解中心为我国第一家金融消费纠纷专业调解组织，2017年9月，其借鉴国际成熟经验和良好实践，引入裁断机制，试行中立评估制度，构建了“投诉+调解+裁断”一站式矛盾化解平台；并于12月1日引入智能化，通过手机APP进行线上调解，满足了当事双方跨地区调解的需求。

2017年12月，上海银行业纠纷调解中心与上海市第一中级人民法院举行银行业纠纷诉调对接签约仪式，同时揭牌“银行业纠纷诉调对接调解室”，打造银行业“全流程金融消费者权益保护体系”重要平台，探索纠纷解决的“上海模式”。银调中心还与上海仲裁委员会金融仲裁院建立合作对接机制，采用“先调解，后仲裁”的模式解决纠纷，开创了银行业“仲调结合”的纠纷化解新模式，2017年以来已完成5例案件的仲裁确认。成立一年的上海银行业纠纷调解中心调解受理总量达到490件，已调解354件，成功297件，调解成功率达到84%。

（四）深化金融法理研究　营造金融法治文化

2017年2月，在上海市律师协会、上海法学会金融法研究会等指导下，上海市律师协会金融工具研究委员会、中国资产证券化百人会联合主办了“资产证券化的创新发展与法律保障（上海）研讨会”，来自律师界和金融机构代表，结合理论与实务共同探讨资产证券化业务领域热点法律问题。

2017年3月13日，浦东新区法院召开互联网背景下金融消费者权益保护研讨会暨情况通报会。会上通报了金融消费者权益保护案件审判情况、十佳案例及《关于加强金融消费者权益司法保护工作，服务保障浦东新区国际金融中心核心功能区建设的意见》，并对金融消费者权益保护的司法实务进行深入研讨，以期推动互联网背景下金融市场规范运行、金融消费者权益保护及提升法院金融审判水平。

2017年9月15日，由上海高院主办，上海高院发展研究中心、上海司法智库学会承办的2017中国·上海第二届新型司法智库理论研讨会在沪召开。会议围绕“司法体制改革与现代科技应用——互联网+ 人工智能+ 在司法领域深度应用”这一主题展开研讨，探讨了金融审判体制机制改革、司法服务保障上海自贸区建设与发展、司法服务保障上海科技创新中心建设、跨行政区划人民法院改革、现代科技在司法领域的深度应用等问题。

2017年10月27日，由上海市法学会、两岸经贸交流权益促进会主办，上海市第一中级人民法院、上海市海峡两岸法学研究中心协办的“第十七届沪台经贸法律理论与实务研讨会”在沪召开。来自海峡两岸法学理论界、法律实务界及企业界的代表，以“沪台经贸法律理论与实务”为研讨主题，就“两岸金融之监督与管理”“企业经营的法律风险规划”“两岸司法完善建构与展望”“电信诈骗之民、刑事责任”“网络交易与电子商务的管理与规范”等内容展开讨论。

为完善金融消费者保护法治环境，推动金融消费者保护体系的构建，2017中国金融消费者保护论坛以“互联网金融消费者保护机制：反思与重构”为主题于2017年11月29日在上海举行。

2017年12月6日，由中国审判理论研究会金融审判理论专业委员会、上海市高级人民法院、上海市金融服务办公室和上海市法学会主办的“金融中心建设司法论坛”在上海顺利举行。来自政府、法院、金融业界、高校、律师等领域的百余位专家学者围绕“去杠杆背景下融资工具金融风险与司法规制”“新型担保方式之司法应对”两大专题，对金融司法的热点、难点和前沿性问题进行研讨，以进一步加强和推进司法工作，服务上海国际金融中心建设。

2017年12月9日，“2017年上海金融法治论坛”在上海举行。来自全国法学界、经济学界、金融实务界、监管部门的专家针对“国家战略与金融法治建设”“投融资中的法律问题”“金融科技与法”“不良资产处置与司法”等主题，从经济、法律、科技多维度讨论了金融法治在新时代面临的新问题，提出新时代金融法治建设的新思路、规范金融活动的新思维。

此外，2017年上海还举办了第二届两岸信托法制学术研讨会、第六届上证法治论坛等学术会议。

在金融中心法治环境建设的背景下，上海各界通过学术交流、媒体宣传、教育普及等多种形式，聚焦金融发展以及金融立法、执法、司法的现代化，并在学术争鸣与思想碰撞中建言献策，为中国金融市场的繁荣与稳定、金融法治的完善与发展、金融决策与制度建设的科学化与民主化，提供了宝贵的智力成果与理论支持。

第三章
纽约国际金融中心发展情况

2017年，纽约市经济稳定增长，在继续保持服务业优势的同时，纽约市也在积极响应“制造业回归”计划，继续致力于成为包容性创新和经济增长典范。金融方面，金融服务业和金融机构蓬勃发展，其中：银行业继续保持较为强劲的增长势头，主要经营指标总体延续积极扩张态势；证券行业面临重组裁员和疲软态势，行业规模较金融危机之前缩小，但仍是纽约市最强大的经济引擎之一；保险业和保险机构也伴随经济复苏总体进程而加快发展。金融市场规模继续扩大，其中股票市场市值、成交规模等指标稳居全球首位，债券、期货、外汇及利率衍生品等市场位于全球前列，继续在全球资源配置和资产定价中发挥核心作用。金融监管环境上，美国银证保等各类监管机构由危机后的环境修复开始转移到推动经济和金融发展的阶段，在基础框架保持稳定的同时，一项重大监管调整是2018年5月特朗普总统正式签署改革2010年《多德—弗兰克法案》，这再一次重构了美国金融业的生态环境。此外，监管机构继续关注网络安全、数字货币、社区银行发展、普惠金融、金融消费保护、反洗钱等关键议题，并继续通过新兴技术方案改造提升监督能力，不断提升市场的公正和透明度。总之，纽约继续在全球国际金融中心城市中全面占据领先地位。

一、经济金融发展概况

根据最新数据统计显示，2016年纽约大都会区[①]GDP为16 574.57亿美元，在全美排名第一，较2015年上升3.1%，增幅较上一年下降约1.2个百分点。GDP构成中，金融地产活动、专业和商业服务、贸易、政府支出、教育和健康服务、信息业等位居前列[②]。

①从2000年起，美国人口统计总署等部门使用大都会区和非大都会区概念取代了传统的城市和乡村概念。纽约大都会区是全美最大的都会区，以纽约市为中心，由纽约州上州的六个郡与长岛的两个郡、新泽西州的十四个郡、康涅狄格州的三个郡，以及宾夕法尼亚州东北部的一个郡所组成。目前，面积约为3.4万平方公里，人口约为1 995万人（2013年美国人口普查数据）。

②数据来源：BEA数据库。

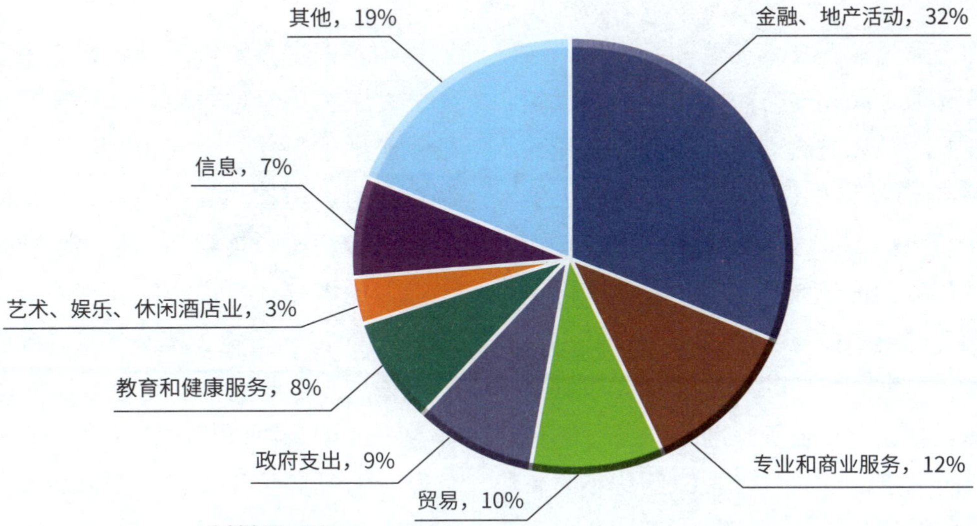

资料来源：BEA。

图3–1　2016年纽约大都会区GDP结构

专栏3–1　2017年纽约市基本经济活动以及“制造业回归”、创新情况

从就业指标来看[①]：截至2017年末，纽约市平均失业率为4.3%，较2016年下降0.6个百分点；全部就业人口442.5万人，其中金融行业（含房地产）47.7万人，包括信息、商业、教育、医疗健康等一般服务业雇员254.3万人，零售批发等贸易行业雇员48.2万人，制造业雇员7.4万人，政府雇员55.4万人。从房地产市场来看：住宅地产方面，截至2017年末，纽约市住宅租金中位数为2 745美元/月，比上年增长0.1%。同时，房屋价格继续上涨，12月销售价格中位数攀升至661 700美元，比上年同期上涨5.3%。而在住宅供给方面，住宅建设有所放缓，月平均开工建设的住房单元量比上年减少27.2%。在商业地产方面，2017年第四季度，纽约市商业地产市场涨跌互现，全市商业地产净占用空间下跌711 128平方英尺，空置率上升0.1个百分点至7.9%。然而，商业地产房屋单位租金上涨至60.88美元，比上年增长6.5%，创2016年末以来的最大涨幅。从旅游指标来看：2017年，纽约市主要旅游指标保持稳定增长。以具代表性的百老汇票房收入为例，其2017～2018演出季收入达到16.98亿美元，同比增长17.1%。尤其是2017年12月31日的最后一周，是百老汇历史上票房收入最高的一周，首次超过5 000万美元。另外，2017年纽约客运量也有所增加，较上一年上升2.6%。

在继续保持服务业优势的同时，纽约市也在积极响应“制造业回归”计划，目前制造业复苏趋势较为明显，特别是先进制造业正在为整个城市创造更多优质的就业机会。目前，纽约市被称为世界“3D打印之都”，拥有近3 800家制造商，且有500多台3D打印机正在运转。另外，纽约也是其他先进技术的开拓先锋，比如物联网硬件、水下无人机

①数据来源：www.nycedc.com。下同。

等。纽约市通过这些技术加速创新周期，改善了工业环境，并缩短传统供应链以推动实体经济发展。从先进制造业外溢效应来看：使用先进制造技术的子部门中，工资上涨7.1%，几乎是传统制造业的5倍；2017年，超过67%的来自先进制造业就业岗位提供了50 000美元或更高的年薪，远高于传统制造行业；就业方面，2012～2015年，先进制造业招聘职位增加了3倍多，且由于先进制造业对就业的承接，自2010年以来纽约市所有制造业的本地就业人数仅下降2.7%，远低于美国全国制造业平均下降的8%。另外，从先进制造业行业发展的金融支持来看，凭借稳健的风险资本支持，自2009年以来，已有14家先进制造企业募集风险资本9 920万美元，2016年投入该领域的风险资本则达到4 100万美元，也显示出先进制造业的新技术和新业务开发前景看好。

为了有效推动先进制造业发展，纽约市近年正式推出Futureworks NYC发展计划，聚焦于制造业生态系统的五个关键领域。一是提高传统制造业竞争力。为了增强传统产业对先进制造技术在提升竞争力和改变发展方式等方面的认识，纽约市与工业和技术援助公司（ITAC）等机构建立了合作关系，并于2017年11月正式启动推进项目——Ops21，旨在通过一系列研讨会为150多家传统制造商提供教育服务。同时，与康奈尔材料研究中心、罗彻斯特理工学院先进和可持续制造卓越中心、纽约大学Tandon工程学院等合作，将专注于推动先进材料、机器人技术和数字化制造技术等集成到传统制造流程中，以提升传统产业技术竞争力。二是建立未来先进制造中心。纽约市在布鲁克林陆军航站楼建立一个20 000平方英尺的先进制造中心，可提供设备访问、STEAM①编程和培训等服务。该中心的战略目标是成为新制造业的培育地，以及就业创造地，预期未来10年内将创造近2 000个相关就业岗位。三是未来工业孵化器。其中，SecondMuse作为一家创新协作机构，正在运营该虚拟孵化器，为早期阶段先进制造公司提供支持。四是未来工业商店，致力为先进制造业市场化打开空间。五是进一步拓展布鲁克林陆军航站楼区域建设，努力将该区域打造为先进制造业聚集之地。为实现这一目标，纽约市将投资1亿美元重新启动建设约50万平方英尺的工业空间，预期未来可容纳该行业的1 300多个工作岗位。

最后，考察纽约市创新情况②。近年来，纽约市政府致力于发展创新经济，从人才、基础设施和信息平台等多方面扶持高科技产业发展。从一些基础数据看，截至2016年末，纽约大都会地区拥有学士学位或更高学历的居民有580万人，拥有研究生或专业学位的居民有230万人；位于纽约的大学授予STEM领域学位的毕业生超过18 000人；主要学术机构的研发支出合计达到29亿美元。另外，纽约市技术领域占整体经济体量的比重达到4%，而其就业自2003年以来增长了56%，同期金融领域仅有21%，也预示着纽约正焕发出更多创新发展活力，有逐步成长为科技创新中心的趋势。

①即专注于科学、技术、工程、艺术和数学学科的教育方法。
②http://innovateinnyc.org/。

作为国际主要经济和金融中心，纽约是全世界最大跨国公司总部集中之地，在银行、证券、保险、生物医药等领域为美国乃至全球提供产品和服务，由此奠定其国际支配力和影响力。2017年末，世界500强企业中有16家总部位于纽约，位居全球第三位①，次于北京的56家和东京的38家。从行业分类来看，银行等金融机构占10家，其他类型企业共计6家。

截至2017年末②，纽约市共有58家商业银行、12家储蓄银行、74家信用社、348家证券公司、68家保险公司、16家金融控股公司等金融总部，另有120家外资银行分支机构和代表处。从资产规模看，美国前50大金融控股公司中约有17家位于纽约，总资产规模达到99 271亿美元，占全部机构资产比重为59.50%③，从中体现出作为金融中心的纽约金融资源集聚度之高。

金融机构之外，纽约金融市场在全球金融资源配置中发挥核心作用。按交易对象划分，主要包括外汇市场、股票市场、债券市场、商品期货市场等。外汇市场上，以纽约为主要代表的美国外汇交易量2016年全球占比达到19.5%④，仅次于伦敦。股票市场上，位于纽约的证券交易所⑤股票市值2017年末达32.12万亿美元，占全球比重为38.93%⑥；

表3–1　2017年总部位于纽约的全球500强企业名单

单位：百万美元

公司名称	行业	营业额	利润	500强排名
威瑞森电信	电信	125 980	13 127	32
摩根大通	银行	105 486	24 733	48
花旗集团	银行	82 386	14 912	74
大都会人寿	人寿健康保险	63 476	800	128
百事公司	食品	62 799	6 329	131
辉瑞制药有限公司	制药	52 824	7 215	173
美国国际集团	财产意外保险	52 367	－849	175
纽约人寿保险公司	人寿健康保险	40 787	1 088	243
摩根士丹利	银行	37 949	5 979	267
高盛	银行	37 712	7 398	271
美国教师退休基金会	人寿健康保险	37 105	1 492	278
美国运通公司	银行	33 823	5 408	315
时代华纳	娱乐	29 318	3 926	371
旅行者保险公司	财产意外保险	27 625	3 014	394
二十一世纪福克斯	娱乐	27 326	2 755	396
菲利普－莫里斯公司	烟草	26 685	6 967	406

数据来源：www.fortunechina.com。

①数据来源：www.fortunechina.com。

②数据来源：Department of financial services 2017 annual report；National Information Center, Federal Reserve System。

③2017年第四季度数据。数据来源：纽联储网站，Quarterly Trends for Consolidated U.S. Banking Organizations。

④数据来源：国际清算银行。

⑤包含纽约—泛欧和纳斯达克等交易所。严格意义而言，纳斯达克是一个基于电子网络的无形市场，物理位置并非位于纽约，但其毋庸置疑是纽约国际金融中心资本市场的重要组成部分。

⑥世界交易所联盟（WFE）统计数据。

股票成交规模49.55万亿美元，占全球比重为44.24%。此外，纽约市场在石油等能源期货、黄金等金属期货以及其他部分衍生品交易上位居全球前列。

二、金融服务业与金融机构

（一）银行业

2017年，得益于美国经济加快扩张等基本面因素推动，美国银行业继续保持较为强劲的增长势头①，主要经营指标总体延续积极扩张态势。但受制于美联储三次加息并启动缩表、特朗普政府税改法案落地等因素影响，银行业全年净收入略有下滑。具体而言，资产方面，2017年银行业贷款和租赁增加4 162亿美元，增幅为4.5%。资产质量方面，联邦存款保险公司（FDIC）"问题银行列表"中"问题银行"数量2017年末降至95家，为自2008年第一季度以来数量最少的年份；问题银行的总资产由上年的276亿美元降至139亿美元，显示银行业整体质量继续显著提升。贷款损失准备金总额2017年第四季度达到136亿美元，较一年前增加了11亿美元（8.9%）；超过三分之一（38.9%）的机构报告显示贷款损失准备金比2016年第四季度提高；而第四季度贷款损失准备金占净营业收入的7.1%，高于一年前的6.8%。此外，拨备覆盖率为106.32%，较上年上升14.15个百分点。最后，在盈利方面，向联邦存款保险公司投保的商业银行机构2017年净收入达到1 648亿美元，同比下降60亿美元，降幅为3.5%。净收入下降主要是由所得税、非利息费用、贷款损失准备金分别增加216亿美元（28.4%）、195亿美元（4.6%）和30亿美元（6.2%）所致。

展望未来，尽管面临美联储继续加息与缩表并进的紧缩货币政策，但在美国宏观经济可能继续保持较高扩张态势，以及金融业监管政策总体宽松的环境之下——特朗普政府继续推行金融"去监管化"的可能性仍较大，美国银行业未来一段时期内继续保持平稳上升势头的概率较高。

表3–2　美国商业银行和储蓄机构的资产和负债②

单位：百万美元

	2017年	2016年	2015年	2014年	2013年	2012年	2011年	2010年	2009年
机构数量（个）	5 670	5 913	6 182	6 509	6 812	7 083	7 357	7 658	8 012
总雇员（人）	2 076 128	2 052 504	2 033 758	2 047 879	2 068 719	2 110 276	2 108 598	2 088 579	206 950
总资产	17 415 377	16 780 224	15 967 923	15 553 660	14 731 284	14 450 503	13 891 365	13 318 934	13 086 778
贷款和租赁量	9 721 072	9 305 365	8 841 647	8 309 470	7 893 117	7 695 664	7 474 177	7 375 331	7 281 810
存款	13 399 154	12 894 726	12 189 838	11 763 885	11 192 129	10 817 342	10 186 246	9 422 883	9 226 798
总股本	1 958 072	1 869 806	1 801 379	1 742 224	1 654 703	1 629 298	1 569 165	1 511 377	1 444 552
30～89天逾期	67 582	65 741.827	64 315	69 968	75 897	88 880	100 902	117 875	139 969
90天以上逾期	51 056	53 679	60 732	75 586	96 660	123 666	133 583	129 038	129 903

数据来源：FDIC, Quarterly Banking Profile。

① 纽约市相关银行业统计数据缺乏，本部分采用美国银行业资料数据。由于纽约市银行业在美国具有突出的地位，因此全美银行业情况一定程度上可以反映纽约市情况。本部分数据来源于FDIC报告。

②纳入FDIC保险范畴的机构。

表3-3 2017年纽约市银行业基本情况

单位：家、亿美元

	机构数目	总资产
纽约市	270	29 065
其中：商业银行	58	6 273
储蓄银行	12	251
储蓄贷款协会	1	18
信用社	74	132
外资银行分支机构	110	21 228
外资银行代表处	10	1 145
其中：州注册银行	141	23 654
联邦注册银行	129	5 411

数据来源：Department of finance services 2017 annual report, New York State。

从纽约市来看，截至2017年末，主要银行业机构总资产合计2.91万亿美元。其中，联邦注册银行总资产合计5 410亿美元；州注册银行总资产合计2.37万亿美元。

（二）证券业①

在之前很长一段历史阶段，纽约市在经济复苏时期都依靠金融服务行业来推动经济增长。但自2008年国际金融危机以来，纽约市经济呈现更加多元化趋势并更少依赖于证券业。与其他新兴产业比较，证券行业面临重组裁员和疲软态势，行业规模较金融危机之前缩小。尽管如此，证券业在过去三年里仍有效地促进城市经济增长，是纽约市最强大的经济引擎之一。

从证券业金融监管来看，自2008年国际金融危机以来，证券业资本稳健度得以不断加强，杠杆率也逐步下降，这主要得益于《多德—弗兰克法案》下一系列监管改革要求——比如要求机构增加资本储备以应对危机情况，禁止金融机构从事某些投资活动——如自营交易等，限制过度冒险行为等；另外，也包括金融消费保护局（CFPB）等金融稳定市场设施的创设。2017年2月，美国总统特朗普指示财政部对《多德—弗兰克法案》进行全面审查，命令大幅缩减该监管系统。2018年5月，特朗普正式签署改革《多德—弗兰克法案》，这是2010年以来美国最大的金融监管改革。本次改革旨在减少政府负担的金融监管成本和救助义务，使金融机构自担风险，以及缩小法案适用范围，降低对大银行等金融机构的过度监管，增强其国际竞争力等。这一改革无疑将赋予证券业更大灵活度并促进证券行业盈利水平上升，但也可能引发潜在更大的风险行为和市场波动。

在行业盈利能力方面，2016年纽约市证券行业利润同比增长21%，达到173亿美元，扭转了此前三年利润下降的趋势。盈利能力增长主要受益于成本削减、法律和解等费用下降。从收入结构上来看，交易收入占比已少于7%，远低于1991年28%的水平；同期，

① 数据来源：Office of the NEW YORK STATE COMPTROLLER（OSC），“The securities industry in New York City”，2017年10月。

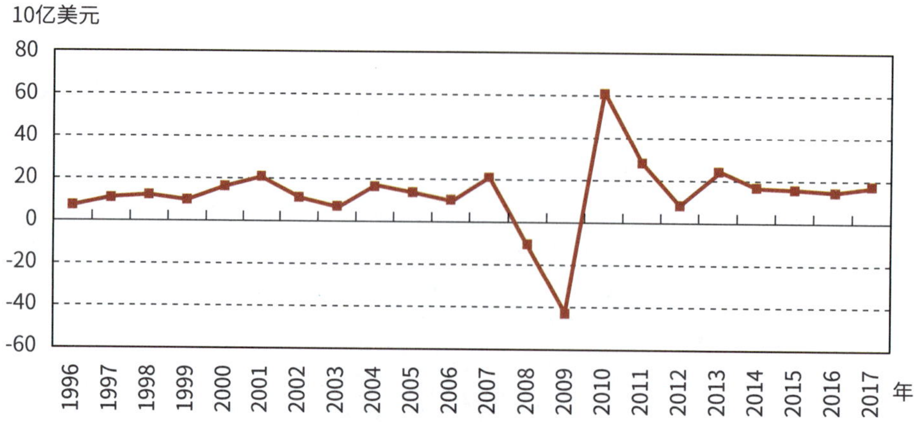

资料来源：Office of the NEW YORK STATE COMPTROLLER。

图3-2 纽约市证券行业利润

其他来源收入的重要性正在增加，如来自会计监督和财富管理的收入在2016年占比达到26%，而1991年仅为4%。进入2017年上半年，证券行业利润总额达到123亿美元，较上年同期高出33%（30亿美元）。利润增长主要源于收入的上升，后者较上年同期增加了13.5%。

从纽约证券业就业来看，尽管近年来有所增长，但仍比危机前要低6%；而同期美国其他区域证券业就业却增加了4%。事实上总体而言，在过去三十年里，纽约市在全美证券行业中的就业比重不断下降，原因包括地域多样化因素、新技术引入以及成本削减等。从历史演变来看，1990年纽约市占全美证券业就业的三分之一，但到2000年其份额下降到24%。2011年“9·11”之后，份额进一步降至19%。自2010年以来，加州和得克萨斯州证券业就业增长率均超过了纽约。然而在总量上，纽约市仍然遥遥领先（2016年为197 700人），就业数量超过排名第二的加州两倍，排名第三的得克萨斯州的三倍。从行业奖金和工资来看。自金融危机之后，由于新的监管规定以及其他旨在阻止过度风险行为的分红改革，纽约市证券行业开始提高基薪，将主要奖金延迟至未来年份发放。在实践操作中，大多数企业预留的与2017年绩效挂钩的薪酬将于2018年1月至3月支付。从数据来看，2017年3月纽约州审计办公室（OSC）估计：纽约市证券业员工奖金将同比增长2%至239亿美元，为三年内首次增加；2016年的平均奖金为138 210美元，比上一年上升1%；在平均收入方面，纽约市证券业下降3%至375 300美元。从历史来看，证券业的平均工资经通胀调整后，已较2007年下降了19%。然而，证券行业平均收入仍然最高，远高于其他高薪行业如银行业（185 000美元）、广播传媒（162 100美元）、保险（159 200美元）和科技部门（147 300美元）。另外，从全美水平来看，证券行业人员2016年平均收入为212 000美元，其中以纽约最高，其次是康涅狄格州（294 700美元），马萨诸塞州（263 200美元）和加州（230 900美元）。

最后，从证券行业在纽约市经济中的角色来看，尽管其发挥的作用趋弱，但仍然是纽约市最强大的经济引擎。在2008年国际金融危机之前两次复苏中，证券业占据了私

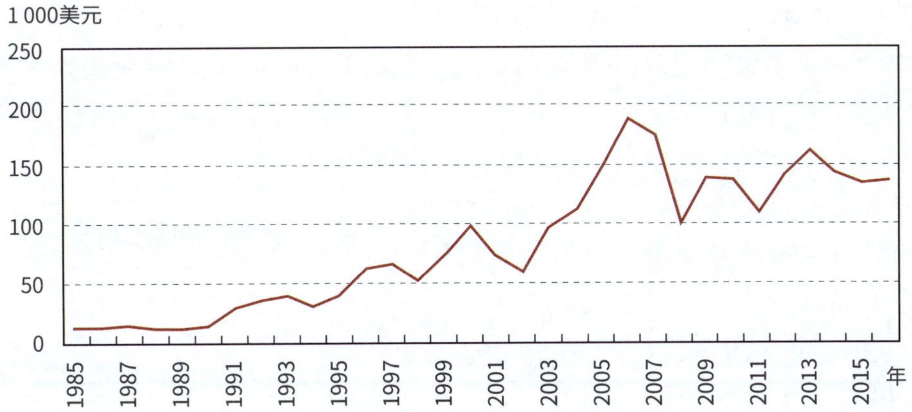

资料来源：OSC。

图3–3 纽约市证券行业人均奖金

营部门平均10%的就业增长量。然而，在本轮复苏中，该行业发挥的作用要小得多。在2009年“大衰退”的高峰期，纽约市失去了100 100个工作岗位，包括证券行业的18 800个工作。自此之后，纽约市增加近63万个就业岗位，但证券业增加不到2%。事实上，证券业在复苏中发挥的作用有限。而其他就业部门，如科技部门和商业服务部门，在就业和工资增长中扮演更重要的角色。这一更加多元化的经济结构有助于提升纽约市经济发展弹性，规避过于依赖于某一行业的风险。目前，证券业规模已小于危机前，但它仍然是纽约市经济的一个重要组成部分。2016年，纽约市证券业占私营部门就业比重虽然仅为4.8%，但其占据了所有私营部门工资总额的20.1%（低于2007年的28.2%）。证券业员工赚取的高收入不仅在纽约市创造消费和经济活动，同时也在周边地区有溢出效应。根据OSC估计，纽约市1/10以及纽约州1/16的工作岗位直接或间接与证券业有关。另外，OSC之前也估计过，纽约市证券业一份就业将会创造其他传统行业三份工作机会，但近年来伴随着工资的下降，这一乘数效应已降至两份。在税收贡献上，证券业是纽约市以及纽约州税收的主要来源。在纽约市，OSC估计可归于证券业的税收2017财年较上年下降13%至32亿美元。这一下降主要是源于2016年资本收益的下降。证券业占纽约市总税收的比重由2016年的7%降至6%。从纽约州来看，其对华尔街税收的依赖超过纽约市。根据OSC估计，2016～2017财年来自证券行业的州税收收入同比下降3%，至135亿美元，证券业在州所有税收中的份额则下降至18%。这一下降同样主要是由资本收益下降所致。

（三）保险业[①]

根据纽约州金融服务局统计，2017年由其监管的保险公司超过1 400余家，总资产超过4.3万亿美元。其中，财产保险公司约为870家，总资产1.4万亿美元，净保费3 970亿美元；健康保险公司总资产为429亿美元，保费

①资料来源：纽约保险协会网站，http://nyia.org；纽约金融服务局网站，http://dfs.ny.gov.us。

总额468亿美元；寿险公司约为650家，包括133家持牌机构，后者总资产规模达到3.1万亿美元，保费总额约有2 560亿美元。

保险行业对纽约州经济贡献巨大。除了为消费者和商业活动提供金融安全外，保险业也是纽约州经济活动的重要组成部分。根据美国经济分析局统计数据显示，2015年，保险业为纽约州生产总值贡献了586亿美元，占比达到4%。保险业的贡献超过了许多其他重要行业，包括建筑、公用事业、艺术和娱乐等。此外，在就业上，保险业也是纽约就业市场的重要雇主。纽约拥有全美最大的保险劳动力之一，在全美就业量排名为第四位。根据美国劳工统计局的数据显示，2016年，该行业为纽约提供了197 257个工作岗位。从税收上看，保险业也是纽约重要税源。根据美国商务部的统计数据，2016年，纽约保险公司支付的保费税总额达到15亿美元，这是保险公司支付的众多其他税费、评估和费用之外的单独一项。从对地方的投资来看，纽约保险公司将其收取的保费投资于州和地方市政债券，帮助资助道路、学校和其他公共项目建设。根据贝氏评级公司（A.M. Best）的测算，2015年，财产保险公司持有超过239亿美元的纽约州市政债券，为市政建设提供了大量的融资，也为企业提供研究、扩张和其他风险投资。最后，保险服务本身也是其对于纽约市经济发展的最重要贡献。2016年，纽约财产和意外保险公司支付了260亿美元的索赔，其中包括86亿美元私人汽车保险索赔，22亿美元房屋索赔，150亿美元的商业保险和36亿美元的工人赔偿索赔，发挥了有效的经济补偿和社会管理功能。①

三、金融市场运行

（一）货币信贷市场

纽约货币市场是纽约短期资金借贷市场，是全球主要货币市场中交易量最大的一个市场，包括联邦基金市场、定期存单市场、国库券市场、商业票据市场和货币市场互助基金等。由于纽约货币市场主要交易由供求双方直接或间接通过经纪人进行，不存在一个固定交易场所，因此缺乏权威交易统计数据，对该市场的规模难以准确估计。

在信贷市场上，根据FDIC统计，截至2017年末，纽约州银行机构总资产②10 144亿美元，资产质量、资产收益及信贷结构分布详见表3－4。

（二）外汇及利率衍生品市场

纽约外汇市场是美国也是全球最主要外汇市场之一。参与者以商业银行为主，包括50余家美国银行和200多家外国银行在纽约的分支机构、代理行及代表处。纽约各大银行与世界各地外汇市场可以24小时保持联系，国际间的套汇和其他交易活动几乎可以立即完成。

根据纽联储统计③，2017年10月，北美地区每日场外市场外汇交易量（含即期、远

① 部分保险品种分类存在交叉，因此总和大于260亿美元。

②注：纳入FDIC存保范围的机构。

③参见纽联储外汇交易委员会（Foreign Exchange Committee）发布的FX Volume Survey Results，2017年10月数据，主要针对北美地区外汇统计。

表3-4　纽约信贷市场及银行机构基本情况表

一般信息	2018年Q1	2017年	2016年
总资产（百万美元）	1 014 434	949 786	995 748
新机构数（<3年）	0	0	0
机构数	141	141	146
资产质量			
逾期及非应计贷款/总贷款（中位数%）	1.01	1.14	1.15
非流动贷款/总贷款（中位数%）	0.58	0.63	0.78
损失准备金/总贷款（中位数%）	1.06	1.14	1.15
损失准备金 /非流动贷款（中位数倍数）	1.36	1.21	1.15
净贷款损失/总贷款（中位数%）	0.02	0.05	0.05
资本/收益			
一级资本杠杆率（中位数%）	10.00	9.90	9.92
资产回报率（中位数%）	0.86	0.63	0.68
税前资产回报率（中位数%）	1.06	1.05	0.96
平均资产准备金率（中位数%）	0.05	0.08	0.08
流动性/敏感性			
净贷款占总资产比（中位数%）	70.96	70.09	68.48
长期资产占总资产比重（中位数%）	32.06	32.08	34.37
贷款集中度（中位数，合格总资本百分比）			
商业和工业	48.96	48.57	49.90
商业房地产	247.79	245.06	233.73
住宅房地产	176.98	180.07	187.15
消费	4.19	4.77	3.96
农业	0	0	0

资料来源：FDIC数据库。

期、外汇掉期、外汇期权）达9 442.53亿美元，较上年同期上升7.2%。从交易工具来看，所有交易工具交易量均呈现上升态势。从市场参与者来看，“其他交易商”“申报交易商”和“其他金融客户”的交易额分别增长了15.3%、10.4%和2.3%，“非金融客户”则下降了2.1%。从交易货币对来看，交易增幅最大的是欧元/美元，增加了187亿美元，其后的美元/墨西哥比索、美元/加元货币对分别增加69亿美元和64亿美元。降幅最大的是美元/日元货币对，交易量减少95亿美元。

从交易币种来看，美元在全部交易中占比79.1%，欧元占比28.5%，日元占比20.0%，英镑占比约10.3%。①

在利率衍生品市场（包含远期利率协议、利率掉期、利率期权及其他利率衍生产品）上②，根据最新的2016年4月统计，纽约

① 双向计算，即总和为200%。

②参见纽联储报告*The Foreign Exchange and Interest Rate Derivatives Markets: Turnover in the United States*, April 2016。

表3–5 北美每日外汇交易量

单位：百万美元、%

交易工具	当前量	较2016年增长量	增长率
即期交易	397 692	22 438	6.0
远期交易	202 001	19 905	9.9
掉期交易	302 385	18 633	6.6
外汇期权	42 175	2 023	5.0
合计	944 253	62 999	7.2

资料来源：FX Volume Survey Results，纽联储2017年10月数据。

表3–6 近年来全球主要外汇交易币种市场占比

单位：%

	2010年	2011年	2012年	2013年	2014年	2015年	2016年	2017年
美元	85.6	84.9	87	89	87.5	88.7	87.2	79.1
欧元	39.1	39.0	42	31	32.0	30.6	30.7	28.5
日元	19.0	16.0	16	24	18.5	16.0	20.4	20.0
英镑	12.9	13.0	15	10	11.0	11.3	12.5	10.3
其他	43.6	47.1	42	46	51.0	53.5	40.2	62.1
合计	200	200	200	200	200	200	200	200

数据来源：国际清算银行网站数据库；FX Volume Survey Results，纽联储2017年10月数据。

市场日交易量达到12 730亿美元，较2013年同期上升1%左右。

（三）股票市场

纽约主要的股票市场包括纽约—泛欧交易所集团美国中心（NYSE Euronext US）[①]、纳斯达克市场（NASDAQ OMX)等。

纽约—泛欧交易所集团美国中心：是美国和世界上最大的证券交易市场。截至2017年末，纽约—泛欧交易所集团美国中心证券市场市值为22.08万亿美元，较上年末上升12.8%。其股票市值超越排名第二至第四位交易所上市公司市值的总和[②]。同期，纽约—泛欧交易所集团美国中心上市公司数目为2 286家，较上年末下降1%。在上市公司国别上，本国企业占据1 791家，外国企业495家。上市的外国企业数量占全球证券交易所首位，较第二位的纳斯达克交易所多出91家。

在股票市场融资规模上，2017年，纽约—泛欧交易所集团美国中心股票市场融资（包括首次公开发行和再融资）约1 160.91亿美元，融资量低于孟买证券交易所、深圳证券交易所[③]。在IPO方面，2017年共实现74项

①2013年，纽约泛欧交易所集团被洲际交易所集团收购，后者成为涵盖利率、股票及股票衍生品、信贷、债券、外汇、能源、金属及农产品的领先交易市场网络。

②数据来源：WFE数据库。

③由于部分重要交易所首次公开发行融资等数据尚未公开，因此无法全面比较。

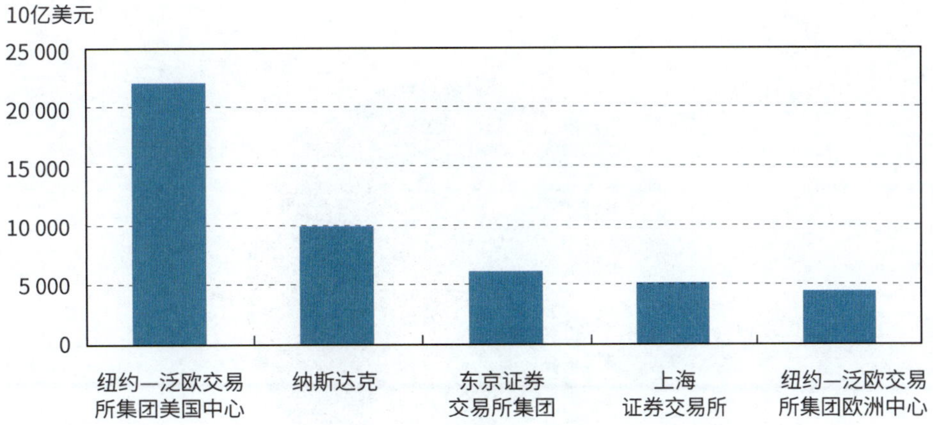

数据来源：World Federation of Exchange，网站：www.world-exchanges.org。

图3-4 2017年末全球主要股票交易所市值情况

IPO，较上年上升247%。其中，选择纽交所进行IPO的中国企业有9家，包括趣店、搜狗等企业。

从股票成交金额的规模来看，2017年，纽约—泛欧交易所集团美国中心位居全球第二，股票交易值为16.14万亿美元，成交金额占全球比重为14%。

基础股票之外，纽约—泛欧交易所集团美国中心在部分证券衍生品交易上也位居全球前列。例如，2017年，该交易所ETF期权方面的交易金额为277.94万亿美元，位居全球第三；股票期权交易量为318.09万亿元，同样位居全球第三。

纳斯达克：2017年末，纳斯达克共有2 949家上市公司，其中外国公司404家。市值总规模达到10.04万亿美元，位居全球第二。在股票市场融资规模上，2017年，纳斯达克IPO数量为89家，居全球证券交易所第12位。股票成交金额规模上，纳斯达克继续位居全球第一，其2017年交易规模为33.41万亿美元，全球占比为28.98%[①]。

另外，纳斯达克市场在部分证券衍生品交易上位居全球前列。例如，2017年，纳斯达克市场股票期权、ETF交易量分别为598.66万亿美元、405.04万亿美元，均继续位居全球第一。

（四）债券市场[②]

纽约债券市场规模庞大、种类丰富。2017年末，美国债券市场存量约为41万亿美元，较上年末上升3.36%，是股票市场规模[③]的1.3倍。债券市场种类丰富，以信用来看，不仅有国债等信用程度高的A级债券，同时还有信用程度较低的小型公司发行的“垃圾

①数据参见WFE。
②由于美国债券市场主要以场外市场为主，并不存在一个完全地理上在纽约的“市场”。但纽约仍是债券交易的主要中心，因此本部分以全美债券市场数据来说明情况。
③总市值为32.12万亿美元。

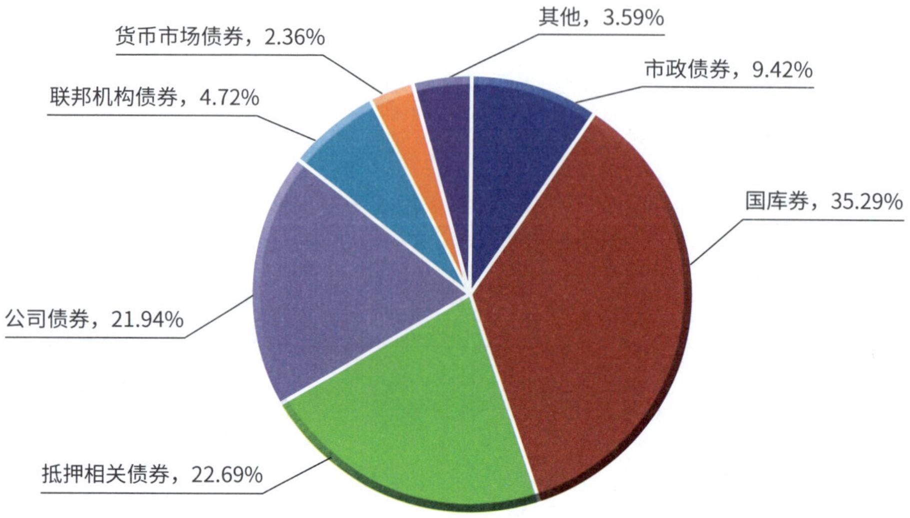

数据来源：证券行业金融市场协会（Securities Industry and Financial Markets Association），www.sifma.org。

图3-5　2017年美国债券存量结构

债券”等；从发行主体来看，有国债、市政债券、抵押支持债券和资产支持债券、公司债券、联邦机构债券、货币市场工具等；此外，衍生金融工具支持上，有信用违约互换（CDS）和债券抵押债务凭证(CBO)等一大批金融工具起到分散风险和推动交易作用。纽约债券市场是美联储进行公开市场操作的重要场所。债券交易既可以在场外进行，也可以在证券交易所内进行，但场外市场是债券交易的主要市场。

2017年，美国债券发行量共为7.48万亿美元，较2016年上升0.7%。其中国库券、抵押

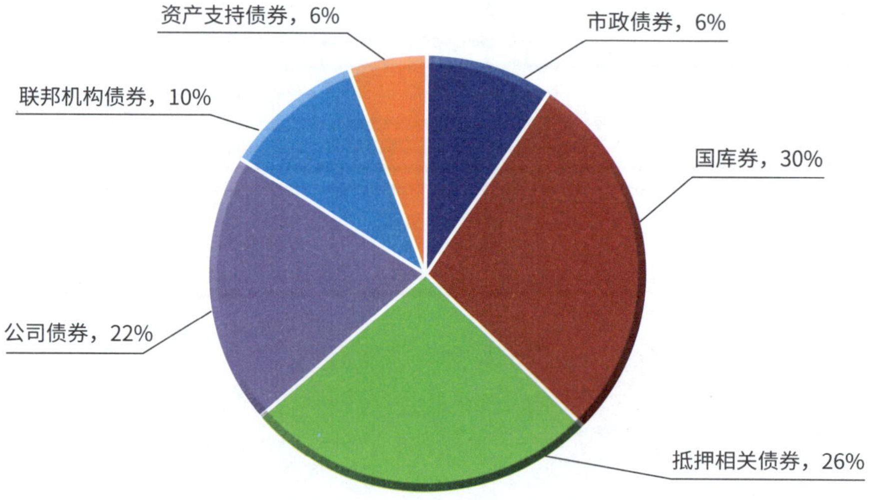

数据来源：证券行业金融市场协会（Securities Industry and Financial Markets Association），www.sifma.org。

图3-6　2017年美国债券市场发行结构

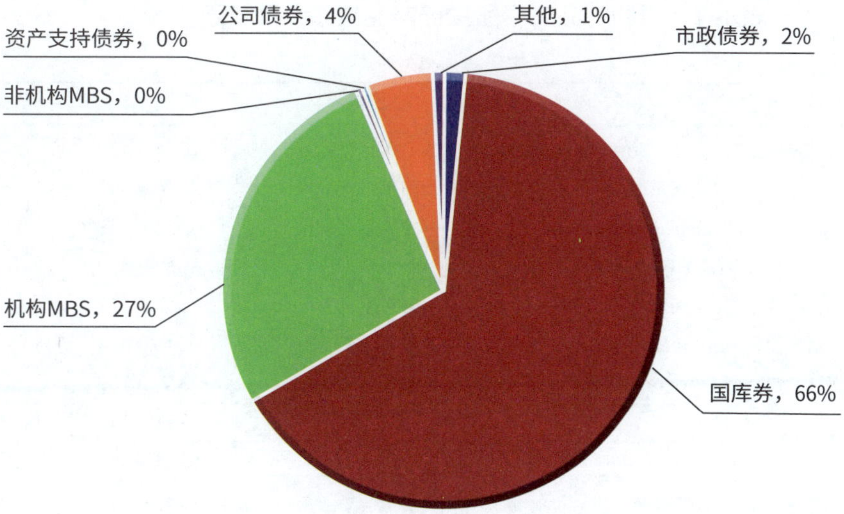

数据来源：证券行业金融市场协会（Securities Industry and Financial Markets Association），www.sifma.org。

图3–7　2017年美国债券市场交易结构

相关债券、公司债券发行量占据前三位，分别为2.22万亿美元、1.93万亿美元和1.65万亿美元。

从债券市场交易量来看，美国债券市场交易十分活跃。由于以场外交易为主，加之双边报价商制度和电子交易系统普遍应用、债券做市商制度健全，美国债券市场成为全球流动性最高的市场。2017年，美国债券市场日均交易量7 638亿美元，较上年下降1.5%。其中，交易主体为国库券，占交易总量比重为66%；机构抵押支持债券（MBS）位居第二，占比27%；余下为公司债、市政债券等。

此外，美国债券市场投资者结构较为均衡，主要有银行、基金、个人、保险公司以及国际投资者等。近年来，以欧亚地区投资者为主的国际投资者持有的美国债券比例逐步上升。另外，债券市场收益率曲线比较完备，为国内外投资者提供了重要参考。

（五）商品期货市场

纽约主要的商品交易所为纽约商品交易所，曾为世界上最大的商品期货交易所之一，于2008年被芝加哥商业交易所（CME）集团收购，目前主要由两个分支机构——纽约商业交易所（NYMEX）和COMEX（纽约金属交易所）组成。其中，NYMEX主要侧重于交易能源产品、白金和钯等期货期权合约；而COMEX主要交易金、银、铜和铝等期货期权合约，COMEX是美国以至全球最大的黄金期货、期权及其他衍生产品的交易场所。

2017年，纽约商品交易所日均成交期货合约314.5万手[①]，较上年上升8.8%，约占

①数据来源：CME Group, Market Data,Daily Exchange Volume and Open Interest/ monthly volume reports. Webmthly。

表3-7　纽约商品交易所主要产品交易量及增速排名

单位：手、%

能源排名	合约名	2017年	2016年	增长率
2	WTI Light Sweet Crude Oil Futures	310 052 767	276 768 438	12.0
4	Henry Hub Natural Gas Futures	108 391 797	97 480 591	11.2
8	RBOB Gasoline Physical (RB) Futures	49 910 909	45 428 663	9.9
9	NY Harbor ULSD (HO) Futures	43 596 206	39 389 349	10.7
10	Crude Oil (LO) Options	42 901 045	45 879 991	−6.5
16	Natural Gas (European) (LN) Options	28 303 431	23 520 044	20.3
17	Brent Crude Oil Last Day Financial (BZ) Futures	21 839 889	23 713 109	−7.9
金属排名	合约名	2017年	2016年	增长率
6	Comex Gold Futures	72 802 171	57 564 840	26.5
14	Comex Copper Futures	27 051 503	21 524 547	25.7
17	Comex Silver Futures	23 044 989	18 218 740	26.4

数据来源：FIA 2017 VOLUME SURVEY。

CME集团总体交易量的19.3%，且占比较上年上升0.8个百分点。尽管交易总量在全球并不具备显著优势，但在部分交易品种上，纽约商品交易所仍居支配地位。从交易量来看，在全球交易量排名前20位的能源期货期权合约中，纽约商品交易所占据7席，其中，NYMEX的WTI Light Sweet Crude Oil Futures和Henry Hub Natural Gas Futures分别位于第2、第4位。而在全球金属业期货期权交易量排名中，纽约商品交易所占据前20位中的3席，其中Comex Gold Futures、Comex Copper Futures、Comex Silver Futures分别处于第6、第14、第17位。①

纽约商品交易所之外，近年来NASDAQ相关交易所期货交易量上升较快。2017年，其成交期货合约16.77亿手，约为CME集团的41%。尽管该交易量不能直接划归于纽约金融市场，但从侧面也反映出纽约国际金融中心在金融衍生品市场领域的相关实力。

四、金融监管

美国金融管理体系及监管标准十分庞杂。联邦金融监管的立法权在国会，主要法案包括《联邦储备法》《银行控股公司法》等机构法，以及《格拉斯—斯蒂格尔法》《多德—弗兰克法案》等金融行业发展方面的法案。上述法律规章主要收录于《美国联邦监管法典》（*Code of Federal Regulations*，*CFR*）。此类法律为根本性、系统性的金融监管法案，一般调整较少。2017年以来，此类法案中最大的调整为《多德—弗兰克法案》的修订工作。早在2017年2月特朗普当选美国总统之初，即下令对《多德—弗兰克法案》进行全面审查，要求大幅缩减该监管系统。2018年5月，特朗普正式签署改革2010年《多德—弗兰克法案》，这是2010年至今美国最大的金融监管改革。本次法案修改旨在为中小型银行减轻监管压力，

①FIA 2017 VOLUME SURVEY。

比如修改后美联储严格监管的银行资产门槛由500亿美元提升至2 500亿美元，这再一次重构了美国金融业的生态环境。

除了《多德—弗兰克法案》修订之外，从监管机构具体管理规章来看，2017～2018年，美国金融监管机构推出了众多的监管措施，对纽约金融机构和金融市场的运行产生了一定的影响效应。

（一）银行业监管

美国有联邦和州政府两级银行业监管机构。联邦政府主要有五个监管机构：美国货币监理署（OCC）、联邦存款保险公司（FDIC）、美国联邦储备体系（FED）、储蓄机构监管署（OTS）和国家信用社管理局（NCUA）。联邦之外，州政府设立银行监管机构，行使对银行体系的监管职责。

美国货币监理署：2017年，OCC继续调整、更新和完善监管方法，致力为银行业提供价值增值监管体系，提升该类机构对美国社会公众的价值。首先，通过价值增值监管模式，积极为银行业提供有关其健康状况、治理能力和风险管理水平的专业评估，推动银行家更有效地接触监管者、法律等各类政策专家以及其他资源，从而更有效提升其机构管理水平。其次，继续简化低效、多余及过时的法律法规和监管流程规定。比如，为社区和中型银行减少监管负担，提升其发展机会；另外，强调了消费者金融保护局（CFPB）仲裁协议规则的负面影响，并采取相关行动消除这一烦琐的监管规则。最后，采取相关举措促进银行体系创新活动，推动银行体系与金融科技公司合作，以促进银行体系更有效地为客户提供创新服务。同时，在2017年3月，OCC对外发布了金融科技许可草案，拟向金融科技企业发放全国性银行牌照，显示出OCC对美国在全球范围内提升金融竞争力的考量。总之，2017年，OCC积极在审慎监管和培育良好的金融发展氛围之间寻求适当的平衡，在确保安全性、稳健性和合规性的同时努力促进银行体系发展。

联邦存款保险公司：截至2017年9月底，FDIC投保存款余额达到7.1万亿美元，分属于5 738家机构的超5.8亿个账户；实际监管3 669家机构，并管理367个活跃的资产总计50亿美元的破产接管机构。2017年，FDIC重点工作和战略包括：一是继续关注利率风险、信贷风险和流动性风险。二是处理网络安全风险。2017年，FDIC与其他金融监管机构、执法和安全机构等紧密合作，以更好地测试评估网络安全对于金融系统的威胁，并积极调整监管策略以提升处置预案有效性。三是对系统性重要机构的监管。FDIC加强系统性重要金融机构监管的相关制度建设，确保在没有纳税人支持情况下的破产处理，包括推动制定“生前遗嘱”计划，以及推动有序清算制度实施。四是继续重建存款保险基金，积极处置倒闭银行。五是加强FDIC内部资源的管理。伴随着银行业复苏形势好转，FDIC逐步削减内部雇员以及经营预算。六是支持和鼓励社区银行发展。七是简化监管规则。2017年3月，FDIC、OCC和联邦储备委员会（FRB）等机构向国会提交联合报告，内容为上述机构为期两年内对影响金融机构的法律规章的广泛审查，从而以酌情确定和消除过时或不必要的监管要求，促进监管成本和负担最小化，并保持安全、稳健以及合规性等要求。八是对于遭受自然灾难地区的监管救济和放松措施。九是金融消费者保护以及推动普惠金融发展。

美联储：2017年，除货币政策正常化操作之外，美联储单独以及与其他监管机构联合推出了众多监管举措：一是在金融稳定方面，2017年美联储的主要工作包括监测金融风险、提升对大型复杂金融机构的监管能力，并继续致力于国内和国际合作协调以促进系统性金融稳定。二是具体监管方面，美联储推出了一系列举措：积极提升由美联储直接监管的单个金融机构的安全性和稳健性；采取宏观审慎方式加强对系统重要性金融机构的监督；推出一系列监管政策与指引，包括政策制定、监管信函、政策声明、指引等；识别新兴需求并加强金融监管信息技术的开发启动；加强在岗员工发展培训以适应变化的监管责任需求；通过各种具体的政策干预直接规范美国的银行和金融机构。此外，在金融消费者保护和社区再投资等事务，以及继续推动实施Dodd-Frank等法案方面，美联储也采取了一些举措。

纽联储：作为美国联邦储备系统中最重要、最具影响力的储备银行，纽联储承担着执行货币政策的任务。其资产负债表反映了联邦公开市场委员会（FOMC）的政策指引和市场状况，尤其是2017年的变化反映了FOMC对货币政策正常化的持续承诺。截至2017年末，分配至纽联储的公开市场系统账户（SOMA）中资产份额为2.49万亿美元，较2016年末下降305亿美元，反映出央行系统资产负债表的继续收缩。在具体资产构成中，以国库券、抵押支持证券为主，其余额为2.46万亿美元，低于2016年末的2.48万亿美元。除货币政策操作执行之外，纽约储备银行也是联储系统中最有力的监督者，其在2017年继续支持美联储促进金融稳定的使命，并提供安全有效的金融服务。

（二）证券期货业监管

美国各类证券市场及证券业主要由证券交易委员会（SEC）、美国金融业监管局（FINRA）[①]、商品期货交易委员会（CFTC）以及市政债券决策委员会（MSRB）等不同监管机构监管。

证券交易委员会：2017年，美国证券交易委员会将其主要资源和精力集中在以下领域：（1）继续完善并维持有效的监管环境。SEC认为，应使市场参与者能够清楚地了解其在联邦证券法下的义务，并按照法律法规开展活动。为此，SEC致力于颁布书面明确、易于理解以及针对特定目的而量身定制的规则，且对上述法律规则进行定期审查评估，以确认实现预期效果。（2）推动加强对联邦证券法的遵守执行。推进联邦证券法的实施和执行到位是SEC的核心使命。2017年，SEC通过对经纪人—经销商、投资顾问、自律组织（SRO）和其他市场参与者的监管审查，积极查证违法违规行为，推动强有力的合规和风险管理理念的实践落实。同时，SEC积极起诉违法行为，尽可能地为投资者实现资金损失返还，并采取相关措施加大对潜在违法行为的威慑力度。（3）便利投资者获取信息。SEC通过两种主要方法促进信息公开和可获取性。一是要求有向投资者提供准确、充分、及时公开地获取易于理

①是美国最大的非政府的证券业自律监管机构，于2007年7月30日由美国证券商协会（NASD）与纽约证券交易所中有关会员监管、执行和仲裁的部门合并而成，它主要负责证券交易商与柜台交易市场的行为，以及投资银行的运作。

解和分析的披露材料的途径。二是实施各种投资者教育计划，让投资者更好地了解证券市场运行状况。（4）积极加强内部管理，通过对人力、信息和财务资本的有效协调和管理，增强SEC自身能力。

美国金融业监管局：2017年，美国金融业监管局一直秉持其多年以来保护投资者、维护市场公平的使命，并不断探索创新监管实践。其主要监管措施包括：一是推进监管转型。继续以技术改造监管，通过采用有效技术解决方案以支持监督方式转型，保护投资者和维护市场诚信。二是聚焦公司监管检查，进而推进更为全面有效的市场监督体系建设。事实上，FINRA在监管美国经纪自营商方面发挥着至关重要的作用。2017年，美国金融业监管局平均每天监测360亿次市场活动。此外，全年开展超过7 800个检查项目，监管处罚罚金合计0.65亿美元，返还受害投资者0.67亿美元；另外，20家公司被处以退市，733个经纪人/机构被处以暂停开展业务，492个经纪人/机构被禁止业务准入。三是与SEC等其他联邦、州监管机构密切配合，提升监管综合效率。2017年，美国金融业监管局与其他执法机构联合提起855例案件诉讼。四是积极提升市场的公正度和透明度。FINRA投资者教育基金会自成立以来，已支付超过1.1亿美元资金用于财务能力和欺诈预防相关教育培训；另推出老年人证券热线，2015年4月至2018年4月为老年投资者追回540万美元损失。

商品期货交易委员会：CFTC主要负责监管美国衍生品市场——包括大宗商品期货、期权以及掉期交易等。在过去一年里，CFTC继续致力于提升金融系统安全性和稳健性，确保美国衍生品市场不受欺诈、操纵和其他交易滥用影响。其主要工作包括：一是加强执法活动，提升市场诚信度和对客户的保护力度。CFTC工作人员继续与包括美国司法部在内的执法合作伙伴积极合作，以确保在适当的情况下，对违法市场行为人提起刑事诉讼。二是积极构建面向21世纪的监管框架。考虑到数字化转型的影响，CFTC近来推出了一项名为LabCFTC的计划，旨在使金融科技创新者更容易使用CFTC。而LabCFTC将使CFTC更具有前瞻性思维，并帮助确定相关的监管机会以及预警挑战和风险。三是加强对网络安全的保护。除了常规性的审查和更新网络安全保护措施外，CFTC团队采取了另外一些积极主动措施，包括与美国国土安全部合作建立月度沟通评估机制，以预警潜在威胁并构建最佳网络安全防御实践。四是启动“KISS”项目。项目“KISS”代表“保持简单、愚蠢”，即是对CFTC规则、法规和实践的全方位审查，以使其更简单、更轻松、更低成本。2017年2月24日，特朗普总统发布了“执行监管改革议程”的行政命令。虽然CFTC作为一家独立机构并不受总统行政命令的严格约束，但“KISS”项目仍是与特朗普总统的目标内在一致的。

市政债券决策委员会：面对3.8万亿美元的市政债券市场，作为自我监管型组织的MSRB，一直致力于维护市政债券市场的公正有序。2017年，MSRB主要推出了以下管理举措。一是根据市政市场需求，推出了量身定制的专业法规和规范。二是除了常规性的加强相关市政债券市场管理之外，MSRB制定了一项新的多年战略目标——旨在使组该织摆脱繁重的规则制定程序，进一步清晰和透明化监管框架，特别是将监管合规支持内容聚集在EMMA（Electronic Municipal Market Access）网站上发布，以利用新一代技术提升市场透明度，满足债券市场不断发展的信息需求。

（三）保险业监管

纽约保险业监管主要分为三个层面：一是州立法机关制定的保险法规。二是司法监督管理，主要由州立法院在保险合同双方发生纠纷后进行判定实现。三是行政监督管理，目前主要由纽约州金融服务局承担。2017年，纽约市保险业监管基本制度框架变化不大，监管机构主要在一些具体的领域开展工作，例如，全力加强金融业网络安全；加强现代化运作和金融服务监管；加强金融消费保护，如监控保费增加并保护消费者的最大利益，保护医疗保健和降低健康保险费用等。

第四章
伦敦国际金融中心发展情况

得益于得天独厚的地理位置、悠久的金融市场发展历史、完善的法制环境、国际一流金融人才聚集等优势，伦敦在诸多国际金融中心中享有国际领先地位。伦敦金融城位于大伦敦中心，云集了全球具有重要影响力的银行、证券、保险机构及其辅助金融机构。伦敦金融城金融市场高度成熟，拥有全球最大的外汇交易市场、全球第二大场外利率衍生品交易市场、全球第二大法律服务业、全球第四大银行部门，国际基金管理行业也在全球名列前茅。伦敦也是欧洲对冲基金、私募股权基金、私人银行、交易所交易衍生品中心。①

一、经济金融社会发展概况

伦敦的金融业高度集中于大伦敦33个自治区之一的伦敦金融城。

英国从事金融及相关产业的就业人口为230万人，占总就业人口的7.4%，其中，三分之一聚集于伦敦工作。2016年，英国金融业对GDP贡献率为10.7%，为各行业中最高。金融业及会计、法律等相关服务业每年为政府提供的税收占全国的14%左右，并带来805亿英镑贸易顺差，居英国各行业之首，名列全球第一，相当于排名第二至第四位的美国、瑞士和卢森堡的顺差总和，其中伦敦创造的贸易顺差接近一半。此外，金融业还吸引了227亿英镑的外国直接投资，占外国直接投资总额的10.3%。②

金融城所在的伦敦市也云集了大量高素质、专业化、多语种的金融人才。根据TheCityUK公布的2016年数据，伦敦共有39.3万人直接从事金融服务业，其中，银行业14.9万人、保险业8.7万人、基金行业3.9万人、其他金融服务业11.8万人。此外，伦敦共有39.9万人从事与金融业相关的专业性工作。其中，11万人从事会计业、18.2万人从事管理咨询业、10.7万人从事法律服务业，英国法律服务收入占全球的7%，名列欧洲第一，全球第二。伦敦金融业及其相关行业共有79.2万就业人口，占本地总就业的15.4%。

根据TheCityUK公布的2016年数据显示，伦敦金融业实现总增加值581.77亿英镑，其中，银行业287亿英镑、保险业186.61亿英镑、基金行业16.59亿英镑、其他金融服务业91.57亿英镑。伦敦金融业相关行业实现总增加值220.05亿英镑，其中，会计业72.55亿英镑、管理咨询业50.67亿英镑、法律服务业96.83亿英镑。伦敦金融业及其相关行业共带来801.82亿英镑增加值，占本地总增加值的19.6%。

①TheCityUK, Size and Importance of UK-Based Financial and Related Professional Services。
②数据来源：Key Facts about UK-Based Financial and Related Professional Services。

二、金融服务业与金融机构

（一）银行业

伦敦是全球最大的国际银行业务中心。国际银行业务占所有银行业务的半壁江山，英资银行所持有的资产中约一半为海外资产。伦敦也是全球最重要的私人银行与投资银行中心。许多国际知名银行都在伦敦开展私人银行和投资银行业务。[①]伦敦拥有超过250家外资银行，领先于纽约、巴黎、法兰克福等国际金融中心。

英国是全球最大的跨境银行业务中心，截至2017年第二季度，跨境银行借贷余额占全球总额的16%。英国拥有8 000多家银行及分支机构，全英国约有40.8万人直接从事银行业工作。账户拥有率为99%，基本一位成年人拥有一个银行账户。2016年末，英国银行业总资产为8万亿美元，名列欧洲第一，全球第四，仅次于中国（24万亿美元）、美国（16万亿美元）和日本（10万亿美元）。

近年来，金融机构投入了数以十亿计英镑，推动各类金融服务创新，包括互联网银行和无接触支付。网上银行利用率从2007年的30%提高到2017年的63%。支票支付方式仅占所有支付方式的0.4%，支票结算额较十年前下降了69%。

根据英格兰银行统计，2017年末，英国本国银行持有的金融衍生品资产25 090.45亿英镑，金融衍生品负债24 622.65亿英镑，净头寸467.80亿英镑。其中，外资银行持有的金融衍生品资产8 320.90亿英镑，占资产总额的33.16%，负债8 008.50亿英镑，占负债总额的32.52%。

（二）证券期货业

截至2018年6月末，伦敦证券交易所集团共有2 110家公司在主板市场和另类投资市场上市，其中369家为外资公司（主板市场224家、另类投资市场145家）。主板市场上，外资公司市值达1.48万亿英镑，占主板市场总市值的36%。二级市场上，2017年全年成交1 150万笔，交易额678亿英镑，交易量8 357亿手，日均成交45 625笔，交易额2.69亿英镑，交易量33亿手。

表4-1　英国本地银行持有的金融衍生品头寸

单位：百万英镑

	2015年末		2016年末		2017年末	
	资产	负债	资产	负债	资产	负债
合计	2 929 609	2 899 858	3 346 935	3 295 863	2 509 045	2 462 265
银行与建筑协会	512 405	497 350	593 513	590 747	443 816	444 093
公共部门	3 194	1 232	4 803	1 499	2 915	1 386
其他金融公司	702 163	704 804	902 729	907 125	680 541	684 487
其他国民	36 942	20 666	43 253	25 446	38 969	25 105
外资银行	1 000 402	985 591	1 165 954	1 135 230	832 090	800 850
其他非居民	674 494	690 215	636 683	635 817	510 714	506 343

数据来源：英格兰银行网站，www.bankofengland.co.uk。

①Key Facts about the UK as an International Financial Centre 2017。

2017年，伦敦证券交易所集团电子订单交易达5.99亿笔，较2016年下降14.7%，交易额为76.4万亿英镑，较2016年下降0.37%。其中，英国订单为2.59亿笔，成交金额为1.34万亿英镑，较2016年分别增长3.6%和4.6%。意大利订单为7 677万笔，成交金额6 526.8亿英镑，较2016年分别下降8%，以及增长6.1%。在2017年伦敦证券交易所电子订单交易中，MTS回购协议成交金额最高，达67.96万亿英镑，较2016年增长5.1%，占全年电子交易总额的89%，较2016年下降约1个百分点。从2017年日均交易看，英国和意大利电子订单分别达到102.7万笔和30.2万笔，成交金额分别为53.13亿英镑和25.70亿英镑。[①]

英国是全球衍生品交易中心，多个国际领先的衍生品交易所集聚伦敦。其中包括全球最大的有色金属交易所——伦敦金属交易所（LME），欧洲最大的能源期货交易所——ICE Futures Europe，主要从事欧洲和全球股权衍生品交易的伦敦绿松石期货交易所（Turquoise Derivatives London），以及建立在伦敦的芝加哥商品交易所集团欧洲分部，它是芝加哥商品交易所集团的第一个海外交易所，主要从事利率衍生品交易。

（三）保险业

英国保险业规模名列欧洲第一、全球第四，由保险公司、劳埃德（Lloyd's Market)、中介，以及各类专业支持性机构组成。

英国保险业是英国经济的重要组成部分，管理着1.7万亿英镑的投资资金，2016年为英国GDP贡献了350亿英镑，每年向政府提供约120亿英镑税收。截至2017年6月，在英国开展业务的保险公司达925家，其中301家为英国保险公司，624家为其他欧洲国家保险公司设立的分支机构。保险业从业人员达32.4万人，其中10.5万人直接服务于保险公司，21.9万人从事相关辅助业务。[②]

英国保险业国际化程度较高，在全球最大保险公司排名中名列前茅。英国是欧洲最大的保险资金与养老金来源地。2016年，英国保险公司保费收入为3 040亿美元，占全球收入的6.4%，欧洲的20.7%，位于美国、日本和中国之后，排名全球第四。[③]但按人均保费收入计算，英国接近3 000英镑，仅次于美国（3 080英镑），居全球第二。英国保费收入与GDP比率超10%，也在国际居前列。

英国是世界上最大的保险与养老金服务出口国，2016年该行业出口额约150亿英镑，超过亚洲保险与养老金总出口额（134亿英镑），并以较大优势领先第二大出口国美国（130多亿英镑）。2016年英国净长期保费收入中有34%来自欧盟国家，33%来自美国，15%来自中国，其他亚洲国家为17%。[④]

伦敦也是保险和再保险的国际交易中心，是唯一一个全球20大保险与再保险公司集聚地。伦敦市场的主要经营者是保险公司、劳埃德、保赔协会和经纪人。

三、金融市场运行

英国金融市场主要集中在伦敦，是世界上历史最悠久、规模最大、国际化程度最高的金融市场之一。

---

①数据来源：伦敦证交所。

②数数据来源：UK Insurance Key Facts 2017。

③TheCityUK，“Financial Industry Growth Strong across the UK”。

④UK Insurance and Long-term Savings the state of the market。

（一）货币信贷市场

英国货币市场的主要参与者包括银行、其他金融机构和非金融企业。交易类型分为担保交易和无担保交易。交易工具包括存贷款、商业票据、回购和大额可转让存单等。该市场作为英格兰银行实施利率政策和提供流动性的主要渠道，在传导货币政策和维护金融稳定方面发挥着重要作用。

为促进市场公平有效，推进固定收益市场、货币市场和商品市场结构性改革，2018年4月23日，英格兰银行启动了对英镑隔夜平均利率指数（SONIA）的管理。此前，SONIA作为基于经纪存款市场的参考利率，交易量较为有限，但改革后，该指数纳入了隔夜无担保存款，基础更为广泛。采用新算法后，其日均交易额可达500亿英镑，较之前的交易规模扩大了3倍，大大提升了该指数的代表性。英格兰银行积极推进英镑市场重要基准无风险利率从Libor向SONIA转变，并与市场参与者协力，争取到2021年末实现SONIA作为主要英镑利率基准。在过渡期内，Libor仍作为一项重要利率基准。

根据英格兰银行统计，2017年末，英国回购和证券拆借市场融出余额4 135.11亿英镑，融入余额4 021.99亿英镑。其中，通过回购业务融出余额3 554.43亿英镑，融入余额3 679.88亿英镑。通过证券借贷融出余额399.25亿英镑，融入余额254.56亿英镑。通过买入返售业务，融出余额181.93亿英镑，融入余额66.03亿英镑。

据英格兰银行统计，2017年末，英国金融机构向非金融企业贷款余额为4 654.93亿英镑，比上年末增加164.33亿英镑，其中，金融机构向非金融企业透支459.69亿英镑，比上年末增加81.82亿英镑。从贷款投向看，对中小企业的贷款余额为1 653.36亿英镑，占比35.52%，对大型企业的贷款余额为3 001.57亿英镑，占比64.48%。

表4-2　英国回购和证券拆借

单位：亿英镑

	2011年	2012年	2013年	2014年	2015年	2016年	2017年
融出合计	3 195.08	3 357.64	3 332.03	2 981.62	2 752.98	3 518.08	4 135.11
回购	2 758.55	2 972.82	3 003.27	2 607.16	2 302.17	3 035.76	3 554.43
证券借出	399.30	332.36	257.95	271.18	302.61	346.31	399.25
卖出回购	37.23	52.46	70.81	103.28	148.20	136.01	181.93
融入合计	3 199.73	3 333.03	3 192.41	2 940.28	2 811.60	3 444.86	4 021.99
逆回购	2 798.68	2 890.90	2 794.24	2 659.07	2 498.96	3 193.86	3 679.88
证券借入	367.62	394.36	349.14	239.90	272.35	204.21	254.56
买入返售	33.43	47.77	49.03	41.31	40.29	46.79	66.03

数据来源：英格兰银行，www.bankofengland.co.uk。

表4-3 英国金融机构向非金融企业贷款余额

单位：亿英镑

	贷款（不含透支）	透支	总贷款
2014年末	3 933.17	419.69	4 352.86
2015年末	3 934.01	361.41	4 295.42
2016年末	4 112.73	377.87	4 490.60
2017年末	4 195.24	459.69	4 654.93

数据来源：英格兰银行，www.bankofengland.co.uk。

（二）金融衍生品市场

英国是全球最大的场外利率衍生品交易中心，根据2016年4月的统计数据显示，其日均交易量占全球的39%，位列第二，仅次于美国（占41%）。其金融衍生品包括利率衍生品、外汇衍生品、大宗商品与股权衍生品和信用衍生品等，利率衍生品、外汇衍生品工具下还分为掉期、期权、期货和远期等。

截至2017年末，英国本地银行共持有金融衍生品总资产2.51万亿英镑，总负债2.46万亿英镑，净资产468亿英镑。金融衍生品资产方面，按交易对手分，非本地银行、其他金融企业和非居民三类的头寸最高，分别为8 320亿英镑、6 805亿英镑和5 107亿英镑。从金融衍生品类型看，利率衍生品资产余额最高，达1.59万亿英镑，其中，利率掉期1.40万亿英镑，利率期权1 798亿英镑，利率远期与期货9.91亿英镑，其他利率衍生品41.82亿英镑。外汇衍生品资产总额6 026亿英镑，其中，外汇掉期3 268亿英镑，外汇期权774亿英镑，外汇远期与期货1 984亿英镑，其他外汇衍生品0.93亿英镑。大宗商品与股权衍生品资产总额为2 189亿英镑，信用衍生品资产总额为978亿英镑。

金融衍生品负债方面，按交易对手分，非本地银行、其他金融企业和非居民三类的头寸最高，分别为8 009亿英镑、6 845亿英镑和5 063亿英镑。从金融衍生品类型看，利率衍生品负债余额最高，达1.52万亿英镑，其中，利率掉期1.34万亿英镑，利率期权1 801亿英镑，利率远期与期货10亿英镑，其他利率衍生品73亿英镑。外汇衍生品负债总额5 992亿英镑，其中，外汇掉期3 189亿英镑，外汇期权781亿英镑，外汇远期与期货2 022亿英镑，其他外汇衍生品5 400万英镑。大宗商品与股权衍生品负债总额为2 397亿英镑，信用衍生品负债总额为994亿英镑。

根据伦敦证交所电子平台统计，2018年1～6月，股权与大宗商品衍生品交易额为6 390亿英镑，同比增长33.7%，日均交易额51亿英镑，同比上升34.8%。利率衍生品交易额为8 144亿英镑，同比激增76.8%，日均交易额64亿英镑，同比上升76.8%。

ICE期货欧洲（ICE Futures Europe）也提供利率期货与股权衍生品交易。2018年1～7月，该交易所累计利率期货交易2.97亿手，股权衍生品交易1.01亿手①。

① 上述统计数据中已包含NYSE Liffe数据。

表4-4 英国本地银行持有的金融衍生品头寸

单位：百万英镑

		2015年末		2016年末		2017年末	
		资产	负债	资产	负债	资产	负债
利率	掉期	1 645 280	1 573 009	1 795 764	1 727 957	1 404 692	1 335 540
	期权	218 924	221 816	223 563	228 354	179 838	180 071
	期货和远期	2 640	2 705	3 283	3 228	991	1.029
	其他	5 375	5 642	2 029	2 589	4 182	7 258
外汇	掉期	348 556	366 272	513 717	517 097	326 763	318 903
	期权	135 616	136 516	126 399	129 710	77 370	78 106
	期货和远期	202 016	210 268	332 067	331 958	198 376	202 156
	其他	—	—	24	28	93	54
大宗商品和股票		229 905	245 779	246 818	261 877	218 934	239 741
信用衍生产品		141 298	137 850	103 272	93 064	97 806	99 408
合计		2 929 609	2 899 858	3 346 935	3 295 863	2 509 045	2 462 265

数据来源：英格兰银行，www.bankofengland.co.uk。

（三）资本市场

1. 股票市场

伦敦证交所共分四个市场，提供的证券交易类别广泛，包括英国股票、国际股票、ETF与证券化衍生品、存托凭证（Depository Receipts）、债务、优先股、普通股认购权证（Equity Warrants）、打包证券单位（Package Units）和可转换证券等。

伦敦拥有欧洲最大的股票市场，截至2018年6月末，上市公司数达2 167家，其中外国公司369家，上市公司总市值达4万亿英镑。

在主板市场上，截至2018年6月末，共有上市企业1 166家，其中英国企业942家、国际企业224家。总市值为4.1万亿英镑，其中英国企业市值2.6万亿英镑，占比63.4%，国际企业1.5万亿英镑，占比36.6%。

在主板上市公司分布上，大公司市值占比较高。其中，市值在500亿英镑以上的超大型公司共有21家，尽管数量仅占总上市公司数的2%，但股票市值占主板市场的48%。市值在20亿英镑以上的公司共有218家，其市值占主板市场总市值的91.3%。

伦敦证交所另类投资市场（AIM）上，截至2018年6月末，共有上市企业944家，其中英国企业712家、国际企业232家。

伦敦证交所专业证券市场上，截至2018年6月末，共有上市企业22家，都是国际企业。

在一级市场上，2018年1～6月，伦敦证交所主板市场通过IPO发行37只新股，其中英国企业31家、国际企业6家。总募集资金82亿英镑，其中英国企业募集15.5亿英镑，占比18.9%，外国企业募集66.5亿英镑，占比81.1%。417家上市企业完成再融资66.5亿英镑，其中，本国企业381家、国际企业36家。AIM市场新发行36只新股，其中英国企业30家、国际企业6家，总募集资金7.82亿英镑。867个企业完成再融资24.3亿英镑，其中英国企业704家，国际企业163家。

在二级市场上，2018年1～6月，伦敦证交所成交额总计7 691亿英镑，同比增加13%。其中，主板市场成交额7 532亿英镑，同比增长12%，AIM市场交易额108亿英镑，同比增长37%。[①]

2. 债券市场

英国债券市场组成如下：

（1）政府债券。政府通过发行政府债券筹集资金。其中，英国市政债券服务局（Municipal Bonds Agency）协助各地政府以较低成本进行融资，所得资金主要用于基础设施和房屋建造等。

（2）其他英国固定利率债券，包括可转换债券、优先股及其他由公司、地方政府和银行发行的债券。

（3）国际债券。伦敦日益成为国际债券发行与交易中心。截至2017年第一季度，英国的国际债券规模达2.9万亿美元，居世界首位，约占全球总量的13.4%。其中，64%为欧元债券。[②]伦敦作为国际债券交易中心，2016年，在二级市场交易中占据高达36%的份额。[③]

英国是全球绿色金融领域的积极推动者。欧洲投资银行于2007年发行了第一只绿色债券并在伦敦证交所上市，伦敦证交所自2015年起引入绿色债券专业板块。截至2017年9月，共有45只绿色债券在伦敦证交所上市，筹集资金121亿美元，涉及7个币种。[④]

3. 基金市场[⑤]

伦敦是全球第二大基金管理中心，基金业是伦敦作为国际金融中心的重要支柱。以伦敦为总部的投资基金数量占英国本地基金公司总数的三分之二。截至2016年，英国管理的基金资产规模达8.1万亿英镑，创历史新高，以资金来源计占全球总额的7%。英国基金业国际化程度较高。首先，在机构层面该国汇聚了大量本国与外国基金公司；其次，从投资方向上看，股权类投资中，海外投资占比达69%，债权类投资中，海外占比为40%；此外，在服务对象上，为海外客户管理的基金总额达到2.6万亿英镑。

养老金资产管理上，2016年英国养老金资产占全球总额的8%，在欧洲国家中居领先地位。养老金资产与GDP比率达110%，在全球名列前茅。此外，英国管理的共同基金总额达1.5万亿美元，英国保险基金规模在全球名列第三，仅次于美国和日本。

伦敦是仅次于美国的全球第二大对冲基金管理中心。2016年，英国对冲基金规模为2 850亿英镑（约占全球的13%），在五年内实现了50%的增长，一直保持欧洲第一的位置。

英国私募股权市场是除纽约以外的最发达的市场。2016年，在英国设立的私募股权基金占对欧投资总额的29%，及当年总募集资金总额的56%。英国私募股权与风险资本行业资产管理总额达2 500亿英镑。2016年伦敦私募股权投资同比增长10.7%至27亿英镑，占全英投资总额的38.2%。[⑥]伦敦是欧洲最大的私募股权投资与基金管理中心，在过去十年中，英国私募股权业为11 000余家公司提供了1 800亿英镑的投资。

---

①数据来源：伦敦证交所网站。

②数据来源：BIS，“Summary of debt securities outstanding”，(17 September 2017)。

③数据来源：World Federation of Exchange。

④数据来源：The City UK, Key Facts about the UK as an International Financial Centre 2017。

⑤本部分数据主要来源为：Key Facts about the UK as an International Financial Centre 2017。

⑥数据来源：Key Facts about UK-Based Financial and Related Professional Services。

表4-5　2016年末传统型投资管理资产

单位：10亿美元、%

	养老基金	保险资产	共同基金	合计	占比
美国	22 480	5 200	18 868	46 548	46
日本	2 808	3 747	1 471	8 026	8
英国	2 868	2 503	1 511	6 882	7
法国	146	2 474	1 880	4 501	4
加拿大	1 575	657	996	3 229	3
其他	6 558	9 418	15 649	31 625	31
合计	36 435	24 000	40 376	100 811	100.0

数据来源：Key facts about the UK as an international financial centre, November 2017。

（四）外汇市场

英国外汇市场在全球居领先地位。美元外汇交易在英国的交易额是美国的2倍。欧元外汇交易在英国的交易额也是欧元区的2倍。根据2016年4月数据，英国外汇交易量占全球交易量份额约为37%，高于美国17个百分点。

英国外汇市场主要是场外市场，由即期交易、无交割远期、直接远期、外汇掉期、货币互换、外汇期权等市场构成。其主要参与者包括报告交易商、银行、其他金融机构和非金融机构等。

根据外汇交易联合常设委员会（The Foreign Exchange Joint Standing Committee）统计数据①，2018年4月，英国外汇日均交易量达2.727万亿美元，同比增长14%，创历史新高。各类外汇交易工具交易量均出现显著上升。其中，外汇互换增长最为迅猛，2018年4月日均交易量达1.398万亿美元，较上年同期增长19.7%。外汇即期日均交易额达7 510亿美元，较半年前上升8%。

从货币对看，2018年4月，英镑/美元日均交易额达到3 510亿美元，创历史新高，较2017年4月同比增长18.6%。欧元/美元与美元/日元交易额在半年内分别上升11%和13%。美元/人民币日均交易额为620亿美元，较2017年4月同比飙升82.4%。

从交易币种看，美元尽管较2016年下降了1个百分点，但依然保持遥遥领先，欧元稳列第二，日元第三的位置已与英镑平分秋色。

（五）商品市场

1. 商品期货市场

伦敦拥有下述重要大宗商品衍生品交易所：全球领先的有色金属交易所伦敦金属交易所（LME），欧洲最大的能源产品交易所ICE期货欧洲交易所。ICE经收购交易，将欧洲最大的软商品交易所NYSE Liffe纳入旗下。此外，伦敦还有数家全球知名大宗商品组织，包括国际咖啡组织（International Coffee Organization）、粮食和饲料贸易协会(The Grain and Feed Trade Association)

①数据来源：英格兰银行网站。

表4-6　近些年4月英国外汇市场数据

单位：10亿美元、%

	2004年	2007年	2010年	2013年	2016年	2018年
			日均交易量			
交易总量	835	1 483	1 854	2 726	2 426	2 727
即期	223	335	697	1 032	784	751
直接远期	103	124	228	309	784	296
外汇互换	428	899	775	1 127	1 161	1 398
货币互换	16	18	18	32	72	38
期权和其他工具	67	106	135	227	142	245
			交易对手方占比			
报告交易商	67	45	44	41	44	39
其他金融机构	25	42	47	54	54	57
非金融客户	8	13	10	5	2	4
本土交易	31	31	29	54	42	28
跨境交易	69	69	71	46	58	72
			交易币种占比			
美元	88	88	85	88	89	88
欧元	43	42	44	37	36	37
日元	16	15	17	23	19	17
英镑	27	21	18	16	16	17
澳大利亚元	4	4	6	8	6	6
瑞士法郎	6	6	6	5	5	6
加拿大元	3	3	4	4	4	4
其他货币	13	21	20	20	24	25
全部货币	200	200	200	200	200	200

数据来源：英格兰银行，www.bankofengland.co.uk。

和国际糖业组织(International Sugar Organization)等。伦敦作为重要的国际金融中心，成为参与大宗商品交易的国际企业、投资银行和其他金融机构的交易首选之地。

伦敦金属交易所是世界工业用金属交易中心。其三个交易平台（LME select电子交易平台、交易圈和24小时电话交易平台）的价格被作为全球基准价，并用于企业和投资机构的风险管理。2016年，通过LME成交的金属量达1.57亿手，相当于名义价值10.3万亿美元及35亿吨，未平仓合约达220万手。LME交易量通常超过世界金属产量的40倍。

该交易所提供14种金属的六种不同合约，含有色金属、黑色金属、贵金属和小金属四大类，包括铝、铜、锌、镍、铅、锡、铝合金、北美特种铝合金(NASAAC)、螺纹钢、废钢、黄金、白银、铂金、钯、钼和钴等。提供的交易合约包括期货、期权、交易平均价期权、月均期权、LME小型期货合约和指数产品等。

按金属分，2017年，LME金属交易量为1.574亿手，高于2016年的1.565亿手，上升0.5%。其中，铝自1978年问世以来，一直是该交易所流动性最高的合约，2017年共交易5 479万手，较2016年下跌2.3%，日均交易量超过20万手，其中LME select电子平台交易占总交易量的40%。铜是该交易所1 877年建立时提供的第一种交易品种，2017年合约交易量为3 568万手，较2016年下跌7.9%，日均交易量超过14万手，其中LME select电子平台交易占总交易量的40%。铅合约交易1 112万手，较2016年上升1.7%。镍于1979年引入交易，作为生产不锈钢和电池的重要组成部分，对能源行业的发展，尤其是代表未来发展的电动汽车业，具有举足轻重的影响，2017年合约交易约2 199万手，较2016年上升6.3%，约1.32亿吨，名义价值1.4万亿美元，日均交易量超过7.5万手。锡合约交易122万手，比2016年下降10.6%。锌最早于1920年起上市，也是流动性最强的交易品种之一，被许多经济学者称为全球经济的晴雨表。2017年合约交易3 101万手，较2016年上升10.2%，日均交易量达10万手。

按工具分，期货合约交易1.497亿手，较2016年上升0.2%；期权合约交易755万手，较2016年上升8.6%。

2017年该交易所发布了《LME业务发展战略路径》，就降低OTC交易费用、完善清算服务和电子交易平台等提出了发展目标。

ICE期货欧洲交易所为原油、利率、股权衍生品、天然气、电能、煤炭、二氧化碳排放和软商品等提供期货与期权合约交易。2017年，ICE期货欧洲交易所的合约成交量为11.67亿手，其中，期货合约10.39亿手，期权合约1.28亿手。利率和布伦特原油是交易量最大的标的。在期货合约中，利率合约和布伦特原油合约交易量分别为4.54亿手和2.42亿手。在期权合约中，利率合约和布伦特原油合约交易量分别是7 028万手和1 829万手。

2. 伦敦金银市场

在伦敦，大量的贵金属交易通过场外市场进行。伦敦金银市场由伦敦金银市场协会（LBMA）主办。作为全球著名贵金属批发市场标准制定机构，该协会不是一家交易所，而是一家金银市场的代表性机构。其成员分为做市商和普通会员两类，包括银行、制造商、提炼商、运输商和经纪商等。截至2018年7月末，该组织全球会员企业数已达到144家。伦敦黄金规模已超过3 000亿美元，仅次于美国政府的持有量。在LBMA价格竞拍中，70%的黄金和80%的银都通过中央清算渠道进行清算。[①]2018年6月，通过伦敦金银市场协会清算的日均金银交易量分别达2 000万盎司（约256亿美元）和2.291亿盎司（约37.9亿美元）。[②]

近年来，该协会在建立更加公平、透明、高质量交易市场方面获得显著成效。2017年5月25日，协会制定了《全球贵金属准则》(*Global Precious Metals Code*)，并在2018年4月作了进一步修订，为全球贵金属场外交易市场确立了标准与最佳行业实践。截至2018年7月末，75%的会员已签订上述协议。

①数据来源：LBMA Annual Review 2018。
②数据来源：LBMA网站。

四、金融监管

2017年，英格兰银行启动“远景2020”新三年计划。英国退欧进程为英格兰银行维护金融与货币稳定提出了新的挑战，一系列改革措施将被陆续推出。适应新形势需要成为该行新三年计划的重中之重。

自2016年《英格兰银行与金融服务法案》订立后，央行内部职能得到进一步整合，三大主要政策委员会（包括货币政策委员会、金融政策委员会和审慎监管委员会）获得了同等法律地位，并进一步加强央行内部治理，更好地履行央行职责。

（一）金融政策委员会

金融政策委员会（FPC）致力于维护金融稳定。主要职能包括：①识别、监测并采取措施降低金融体系风险；②支持政府金融政策，包括实现增长与就业目标。FPC负责向董事会提出央行金融稳定战略相关建议。

FPC共有13位委员，其中6位是央行行长或官员，7位是外部委员。委员会每季度至少召开一次会议，依照《1998年英格兰银行法案》要求，就宏观审慎措施向审慎监管局（PRA）和金融行为监管局（FCA）提供指导意见。FPC有权对任何其他机构提出政策建议。

2017年，在英格兰银行积极研究制定“后欧盟时代金融稳定框架”背景下，FPC负责对金融系统应急预案的全面管理，包括出现非有序退出条件下的应对。FPC每年都对大型银行开展压力测试。根据2017年11月压力测试情况，FPC判断英国银行体系拥有充足资本金，有能力应对较金融危机更恶劣的环境。即使英国出现无协议退欧的状况，银行体系仍能持续提供贷款。此外，为防止金融部门对实体经济服务出现中断，FPC制作了重要风险点关注清单，在每季度开展一次审查。在跨境合作方面，FPC与欧洲中央银行建立了技术工作组，共同解决退欧期间遇到的相关问题。

为更好地履行货币政策，维护金融稳定，FPC深入研究“更长期低利率”（lower for longer）的政策环境与作用，理顺了导致利率下行的成因，评估了相关发展状况，并开展了首次“两年一度探索式情景分析”，研究英国银行业高度竞争环境下，长期低利率政策的影响。此外，2017年11月，FPC将英国逆周期资本缓冲率（CCyB）从0.5%提高到1.0%，英国全系统CCyB规模达到114亿英镑，可在经济下行期为家庭与企业部门提供支持。为确保金融体系稳定有序，FPC与银行部门完成隔离墙相关安排，设立了在困难期可用于金融机构自救的债务发行要求。

（二）货币政策委员会

英格兰银行的货币政策委员会通过制定货币政策，实现货币稳定。其主要职责包括：维持物价稳定，支持政府经济政策，实现增长与就业目标。

英国政府至少每年更新一次物价稳定目标与经济政策目标。2017年11月，财政部长再次明确货币政策目标是2%的CPI年通胀率，经济政策目标为实现强劲、可持续和平衡的增长。

MPC共有9位成员，5位是央行行长或官员，4位是外部委员，财政部派代表列席会议。MPC每年召开8次会议制定货币政策。

金融危机期间，为支持经济增长，降低失业率，MPC制定了超低利率政策，并在之后几年的恢复期，继续维持低利率水平。随着世界经济出现强劲复苏，英国失业率触及40年历史低位，人力成本上行，通胀高于2%目标，2017年11月，MPC决定将利率从0.25%上调至0.5%。未来几年，伴随经济良好增长势头，央行或进一步渐进温和地升息。同时，央行还关注金融体系的稳健性，就低息政策对银行、保险公司、养老基金的盈利与流动性影响进行研究，每月对2 500家企业开展决策者调查问卷，并开展年度经济供给侧评估。

（三）审慎监管委员会

审慎监管委员会(PRC)依据《1998年英格兰银行法案》和《2000年金融服务与市场法案》要求，负责履行英格兰银行审慎监管职能。

委员会共有12名委员，其中5名为央行行长或官员，1名为金融行为监管局CEO，此外，财政部长至少任命6名委员。

PRC在制定法规和决定重要监管政策方面具有独立决策权。PRC运营经费来自监管收入，并通过英格兰银行来履职。监管费率由PRC自行决定。

PRC的主要职能包括：加强被监管对象的安全性和稳健性；保障保险投资人权益；加强对市场主体和金融活动的监管，促进市场有效竞争。PRC对总计1 500余家银行、建筑协会、信用联盟、保险公司和主要投行等机构进行监管。

2017年，PRC重点落实隔离墙安排和偿付能力Ⅱ(Solvency Ⅱ)，扩大保险公司的高管与认证制度适用范围，并为银行在脱欧期间保持有序经营提供必要支持。

（四）金融基础设施监管

英格兰银行为实时全额清算系统（RTGS）制定中期治理与基础设施发展战略，并对其进行更新改造。该清算系统作为英国最核心的支付清算系统，此次更新改造是适应金融市场发展的需要，有助于增强金融体系的强韧性。改造后，该系统将纳入更多创新元素，更好地为银行、企业和个人提供清算服务。同时，该行首次允许非银支付系统提供者使用RTGS。2018年，英格兰银行还接管了英国大额支付系统。

五、金融消费权益保护工作情况①

（一）监管改革动态

金融行为监管局（FCA）负责监管58 000家为消费者提供零售或批发业务的机构。2017～2018财年，FCA职责范围进一步扩大，将索赔管理公司（claims management companies）纳入监管对象。FCA在监管工作中，不断顺应日新月异的金融服务和科技发展的要求，关注网上欺诈与个人信息非法使用等突出问题。此外，FCA也积极应对英国脱欧带来的一系列制度变革问题，与政府、金融机构和企业共同规划过渡期安排。

2017～2018财年，FCA发布了《针对消费者的方案（征求意见稿）》*(Approach to Consumers)*，根据消费者保护的职能目标，

①资料来源：英国金融行为监管局网站：http://www.fca.org.uk；英国金融申诉专员网站：www.financial-ombudsman.org.uk。

解释该局监管的方式，以改善各类机构对零售消费者的服务，明确最佳实践要求，阐明监管局如何分析并解决潜在或现存问题。经采纳社会反馈意见后，该局将在2018～2019财年发布最终方案。2018年1月3日，FCA正式实施《欧盟金融工具市场指导》修订版（MiFID Ⅱ），要求市场参与者进一步提高交易透明度，防范各类风险。1月，FCA颁布了第二份《支付服务指引》，允许金融机构在确保消费者信息安全的条件下竞争客户。FCA还着力提升英国市场上金融行为的标准、透明度与安全性。2017年5月，扩大“保险公司的高管与认证制度”适用范围至非执董。FCA还要求信用卡公司帮助长期欠款客户降低欠款余额；要求工作地养老金计划成本费用降低到1%以下。

（二）消费者投诉处理情况

根据金融行为监管局数据显示，2017～2018财年，英国金融业共收到新增投诉34万件，相关咨询145.7万起。从被投诉产品类别看，按占比高低依次为信贷还贷保险、储蓄及信用卡、其他保险、投资及养老金等，占比分别为55%、31%、11%和4%。2017年共计40.07万件投诉得到解决，其中3.3万件由英国金融申诉专员（FOS）予以法律裁定，50%的投诉在三个月内得到解决。

（三）监督执法情况

2017～2018财年，FCA共发出269项裁决书（其中248项针对企业或与企业相关的个人、21项针对个人）；采取了317次执法行动（其中303次为监管类或民事类、14次为刑事类）；共开出16个罚单，总计6 990万英镑，其中，6个涉及企业，罚款金额6 990万英镑，10个涉及个人，罚款金额90万英镑。例如2017年10月，FCA向Rio Tinto公司开出2 740万英镑罚单，原因是该公司未在半年度报告中披露其莫桑比克矿产资产价值出现严重下降。因此，财务报告不准确并具有误导性，严重违反了信息披露与透明度相关规定。该罚单是迄今为止此类违法案件开出的最高金额。

根据统计数据，该年度该局民事类与监管类案件平均办案时长为19.1个月；办案成本根据案件的规模与复杂程度差异较大，跨度在2 000～1 000 000英镑，平均办案成本为13.78万英镑。刑事类案件平均办案时长为58.2个月；办案成本较监管类案件高，平均办案成本为116万英镑。

2017～2018财年，FCA共收到无证经营举报13 309件，包括养老金骗局、投资和保险欺诈、无证集资及非法吸储等。FCA通过发出警告书，发布消费者警示，关闭网站，甚至冻结资产，破产清算或启动刑事程序等方式进行监管。该财年共有3项大型刑事诉讼，逮捕14名罪犯，刑期合计14年零4个月。

FCA高度重视消费者教育。在全国媒体平台开展ScamSmart反欺诈活动，提高消费者自我保护意识与警惕意识，防止受骗上当。

FCA也积极开展国际合作，与美国司法部、证券交易委员会、德国金融监管部门、国际组织IOSCO等联手，共同解决跨境犯罪问题。

专栏4-1 作为全球金融中心的伦敦金融城

在最新发布的全球金融中心指数（GFCI23）排行榜上，伦敦继续居榜首位置。伦敦的金融业高度聚集在面积仅2.59平方公里的伦敦金融城，并独有专属的地方政府机构。伦敦金融城对伦敦和英国经济的贡献举足轻重，2016年增加值为492亿英镑，分别约占伦敦和英国产出的12.3%和2.8%。

一、伦敦金融城的地理位置和经济社会发展概况

伦敦城，是大伦敦33个郡之一，因金融业集中，近年又被直接称为“伦敦金融城”。地处大伦敦的中心，也被称为“一平方英里”(Square Mile)。从金融城往东不远，一个叫金丝雀码头(Canary Wharf)的地方，是近30年发展起来的“新金融城”。本文的金融城指的是“一平方英里”的“老金融城”。

2017年，伦敦金融城常住人口约7 700人，但就业人数达48.3万人，占大伦敦的9%，英国的1.6%。同年伦敦金融城GDP为470亿英镑，占大伦敦的12%，英国的3%。

伦敦金融城聚集了大量的银行、证券、黄金交易等金融机构和交易场所。从事金融和保险业务的公司就有3 030家，而大伦敦有13 700家，整个英国有52 435家。截至2017年8月，伦敦金融城拥有18 000家公司，其中绝大部分是中小企业，如20人以下规模的公司有16 150家，5人以下的有12 240家；但人数超过250人的235家大公司集中了75%的金融从业人员。此外，金融城内公司选址也呈现出聚集现象，法律公司聚集在西边，保险公司聚集在东边。金融城始终保持动态和创新的活力，平均每年约有1 200家新企业入驻金融城，同时约825家企业撤出；每年约有1 000家创业公司开业，其中55%是专业服务公司。

二、伦敦金融城的政府架构和管理机制

早在1215年的英国《大宪章》就赋予了伦敦金融城其自治权利，“伦敦城，无论水上或陆上，俱应享有其旧有之自由与自由习惯。其他城市、州、市镇、港口，余等亦承认或赐予彼等以保有自由与自由习惯之权”。具体表现为伦敦金融城拥有自己独立的政府机构——伦敦金融城政府（The City of London Corporation）。相对独立的自治机构使伦敦金融城更集中地针对金融商业的需求进行政府服务。

伦敦金融城政府主要由以下机构和个人组成：金融城市长、参事议政厅（Court of Aldermen）、政务议事厅（Court of Common Council）、政策与资源委员会、城市管家及各部门主管等。其中参事议政厅和政务议事厅的角色分别类似于英国国会的上议院和下议院。金融城政府的中心工作是迎接和会见各国政治家、银行家和监管官员等任何有助于提高伦敦作为国际金融中心地位的机构负责人。政务议事厅是伦敦金融城的市政厅，主要管理一般地方性事务，并通过委员会来具体执行。伦敦金融城秉持“为商业服务”的理念，采取“业界自治”模式，积极推进金融机构参与管理。由政府与金融机构共同设立政策与咨询委员会并下设专业委员会，其具有讨论、决策和执行功能。政策与咨询委员会负责监督和协调伦敦金融城的政策导向，一些重要金融机构在政府指导下通过相应的决策机制参与区域治理。

由于伦敦金融城在地理位置和行政划分上从属于伦敦市，因此伦敦金融城市长和伦敦市长在角色上存在冲突，但他们又是互补的并且拥有完全不一样的职责。比如伦敦金融城市长作为英国金融和专业服务的国际大使和伦敦金融城的领袖，对英国的金融服务业和伦敦金融城的营商环境负责。伦敦市长则对整个伦敦的交通运输、经济发展、军事消防、环境治理以及伦敦金融城以外的政策制定负责。

三、伦敦金融城打造和维护全球金融中心的措施

伦敦金融城提供了优美的环境、便捷的交通和优质的教育，引导企业进行本地采购以支持本地经济，鼓励企业履行社会责任。根据伦敦金融城的调查，企业选择其作为办公地点的三个决定因素分别是储备充分的人力资源、有利的监管体系、优惠的个人和企业税收制度。

为维护全球金融中心地位，伦敦金融城采取的措施包括：①建立专门的经济发展办公室进行高质量的实证研究为政府提供智力支持，同时与政策制定者和业界保持紧密合作，通过各种措施来最大化金融城的影响力。②建立金融城财产咨询团队为企业、投资者和开发者在选址、开业和运营上提供指导。上海清算所2017年在其帮助下在金融城设立了首个代表处。③采取一系列措施帮助和支持更具创新活力的中小企业发展。如在税收上，对中小企业采用更低的税收比率乘数、部分甚至完全免税。④在布鲁塞尔、北京、上海和印度孟买设有专门代表处推广英国的金融服务和产品，促进其与相关国家的交流访问。

四、伦敦金融城与我国的交往

伦敦金融城政府与我国保持长期的交流互访。习近平主席于2015年10月到访过伦敦金融城，并在金融城市长的欢迎晚宴上发表了题为《共倡共享开放包容共促和平发展》的演讲。李克强总理于2014年6月访问伦敦金融城并发表了题为《共建包容发展的美好世界》的演讲。发展改革委、“一行两会”、外管局等相关政府部门也曾访问过伦敦金融城。伦敦金融城市长和政策与资源委员会主席每年也会定期访华，加强与我国的交流。伦敦金融城政府与我国金融业界也保持着长期紧密的交流。2010年末，伦敦金融城政府成立了中国事务顾问委员会，旨在指导伦敦金融城驻北京和上海代表处的工作，以及与我国有关的访问、会议、调研和其他活动等。

第五章
上海与主要国际金融中心发展比较

据世界经济论坛发布的《2017～2018年全球竞争力报告》显示，2017年中国的全球竞争力排名为27位，比2016年上升了一位。中国为中等收入国家，经济仍处于效率驱动阶段，与发达经济体的创新驱动阶段仍有较大差距，其中融资困难依旧是中国从事商务活动时的首要障碍。

从全球来看，2017年，全球场外衍生品市场持仓币种主要为美元和欧元；全球股市活动主要集中于美国，全球期货期权成交主要集中在北美、亚太。

2017年，上海证券交易所市值连续四年全球排名第四位，筹资总额同样排名全球第四位。中国的股票市场成交在全球占据较大比重。上海期货交易所成交下降，中国金融期货交易所排名有所上升。

近些年来，上海金融业发展迅速，上海国际金融中心全球地位稳步提高。

一、宏观环境条件比较

国际金融中心的发展离不开其所在国宏观环境的影响。比较国际金融中心所在国的宏观环境有利于理解国际金融中心的竞争力及其国际地位的形成。

世界经济论坛的《全球竞争力报告》依据“全球竞争力指数”（GCI）对全球137个国家或地区的竞争力进行了排名。在本部分我们选取主要国际金融中心所在的五个国家或地区（美国、英国、中国香港、日本、新加坡）和金砖五国（中国、南非、巴西、印度、俄罗斯）进行竞争力比较。

先看2017年这些国家或地区的经济基本面。

表5-1　2017年部分经济体的经济基本面

	人口（百万）	GDP（10亿美元）	人均GDP（美元）	占全球GDP份额（%）
新加坡	5.6	297.0	52 960.7	0.41
美国	323.3	18 569.1	57 436.4	15.49
中国香港	7.4	320.7	43 528.0	0.36
日本	126.9	4 938.6	38 917.3	4.37
英国	65.6	2 629.2	40 095.9	2.32
中国	1 382.7	11 218.3	8 113.3	17.76
南非	55.9	294.1	5 260.9	0.62
巴西	206.1	1 798.6	8 726.9	2.62
印度	1 309.3	2 256.4	1 723.3	7.23
俄罗斯	143.4	1 280.7	8 928.7	3.17

注：GDP值按汇率计算，占全球GDP份额是按购买力平价法（PPP）计算的。
资料来源：The World Economic Forum, The Global Competitiveness Report 2017～2018。

根据经济发展的阶段理论，世界经济论坛根据人均GDP的水平高低将各国经济发展阶段划分为要素驱动、效率驱动和创新驱动三个阶段，这三个阶段中间又有两个过渡期。具体而言，人均GDP小于2 000美元的经济称为要素驱动的经济，处于3 000～8 999美元的为效率驱动的经济，处于2 000～2 999美元的为由要素驱动阶段向效率驱动阶段的过渡经济；人均GDP大于17 000美元的为创新驱动的经济，处于9 000～17 000美元的经济为由效率驱动阶段向创新驱动阶段的过渡经济。根据2017年的数据，美国、英国、日本、中国香港和新加坡等国家或地区的经济均处于创新驱动阶段，印度经济处于要素驱动阶段，中国、南非、巴西和俄罗斯经济处于效率驱动阶段。

再看这些国家或地区的全球竞争力排名。

全球竞争力指数从三类指标共12个方面衡量一国或地区的综合竞争力状况。具体而言，第一类指标采用制度、基础设施、宏观经济环境、医疗卫生和基础教育四个指标，第二类指标采用高等教育和培训、货物市场效率、劳动力市场效率、金融市场发展、技术就绪度、市场规模六个指标，第三类指标采用商业成熟度、创新两个指标。竞争力指数总分就是这些指标的综合计分结果。

在12个衡量指标中，不同指标对处于不同阶段的经济的重要性是不同的。第一类指标对要素驱动经济较为重要，第二类指标对效率驱动经济较为重要，第三类指标对创新驱动经济较为重要。在经济的不同发展阶段，上述三大类指标在构成竞争力指数时的权重是不同的，也就是说，这些重要性程度不同的指标对处于不同发展阶段国家的竞争力的影响是不同的。比如，对美国等处于创新驱动阶段的经济而言，商业成熟度、创新等第三类指标对其竞争力的影响最大；对中国的经济而言，高等教育和培训等第二类指标对其竞争力影响最大。世界经济论坛根据不同的权重将各指标加权为综合评分，然后根据综合评分的高低对各经济体的竞争力进行排名。《2017～2018年度全球竞争力报

表5-2 近年来部分国家或地区的全球竞争力排名

	2017～2018年	2016～2017年	2015～2016年	2014～2015年	2013～2014年	2012～2013年
新加坡	3	2	2	2	2	2
美国	2	3	3	3	5	7
中国香港	6	9	7	7	7	9
日本	9	8	6	6	9	10
英国	8	7	10	9	10	8
中国	27	28	28	28	29	29
南非	61	47	49	56	53	52
巴西	80	81	75	57	56	48
印度	40	39	55	71	60	59
俄罗斯	38	43	45	53	64	67

资料来源：The World Economic Forum, Global Competitiveness Report 2017～2018。

告》对全球138个经济体进行了排名。部分经济体的全球竞争力排名见表5－3。

在中国的第二类指标排名中，比较薄弱的前三位依次是技术就绪度、金融市场发展以及高等教育和培训。这表明，为提高竞争力，我国应该着手强化技术应用以提高劳动生产率、深化金融市场改革和增加对教育与培训的投入等。

在进行竞争力排名时，世界经济论坛也对各经济体从事商务活动时面临的问题进行了调查。

当前，中国经济正处于转型期。从调查来看，2017～2018年度影响在中国进行商务活动的前三位的问题依次是融资困难、政府效率低下和通胀，而上一年度前三位的问题依次是融资困难、政策不稳定和政府效率低下。

表5-3　2017～2018年部分经济体的全球竞争力各指标排名

		第一类指标				第二类指标						第三类指标	
	总排名	制度	基础设施	宏观经济环境	医疗卫生和基础教育	高等教育和培训	货物市场效率	劳动力市场效率	金融市场发展	技术就绪度	市场规模	商业成熟度	创新
新加坡	3	2	2	18	3	1	1	2	3	14	35	18	9
美国	2	20	9	83	29	3	7	3	2	6	2	2	2
中国香港	6	9	1	6	26	14	2	4	5	9	33	11	26
日本	9	17	4	93	7	23	13	22	20	15	4	3	8
英国	8	12	11	68	17	20	10	6	13	4	7	7	12
中国	27	41	46	17	40	47	46	38	48	73	1	33	28
南非	61	76	61	82	121	85	54	93	44	54	30	37	39
巴西	80	109	73	124	96	79	122	114	92	55	10	56	85
印度	40	39	66	80	91	75	56	75	42	107	3	39	29
俄罗斯	38	83	35	53	54	32	80	60	107	57	6	71	49

资料来源：The World Economic Forum, Global Competitiveness Report 2017～2018。

表5-4　2017～2018年部分经济体从事商务活动排在前三位的问题

经济体	第一位问题	第二位问题	第三位问题
新加坡	严苛的劳动力管制	创新能力不足	通胀
美国	税率	税收管制	通胀
中国香港	创新能力不足	政府效率低下	通胀
日本	严苛的劳动力管制	税率	创新能力不足
英国	税收管制	政策不稳定	税率
中国	融资困难	政府效率低下	通胀
南非	腐败	犯罪和盗窃	政府稳定性
巴西	税率	严苛的劳动力管制	腐败
印度	腐败	融资渠道	税率
俄罗斯	腐败	税率	融资渠道

资料来源：The World Economic Forum, The Global Competitiveness Report 2017～2018。

二、各国际金融中心市场交易量和格局

从全球来看，2017年，全球场外衍生品市场扩大，持仓币种主要为美元和欧元；全球股市活动主要集中于美国，全球期货期权成交基本持平。

（一）全球场外衍生品市场扩大，持仓币种主要为美元和欧元

根据BIS统计，2017年末，全球场外（OTC）利率衍生品市场名义余额达531.9万亿美元，比2016年末的482.4万亿美元有所上升。其中，外汇、利率和股票连结合约的名义余额分别为87.1万亿美元、426.6万亿美元和6.6万亿美元。从币种来看，主要是美元和欧元。

表5-5　全球场外衍生品持仓名义余额

单位：10亿美元

	2014年末	2015年末	2016年末	2017年末
所有合约	627 786	492 536	482 422	531 912
外汇合约	82 062	75 953	78 781	87 117
其中：美元	73 330	66 121	70 550	74 756
欧元	26 345	24 682	24 334	28 280
日元	14 610	12 814	14 146	14 838
英镑	8 814	9 434	9 080	12 257
瑞士法郎	4 543	4 094	3 541	4 257
加拿大元	3 265	3 134	3 350	4 088
瑞典克朗	1 322	1 426	1 812	2 268
其他货币	31 896	30 202	30 748	33 490
利率合约	519 607	395 138	385 514	426 649
其中：美元	173 891	140 013	143 290	156 507
欧元	172 144	121 617	105 594	121 891
日元	46 233	38 680	41 800	38 772
英镑	58 192	39 053	34 034	37 570
瑞士法郎	5 129	4 021	4 168	4 107
加拿大元	10 312	7 530	8 471	10 944
瑞典克朗	5 730	4 752	4 652	5 985
其他货币	47 977	39 473	43 506	50 874
股票连结合约	7 096	7 241	6 253	6 570
其中：美国股票	2 933	2 785	2 782	2 823
欧洲股票	2 469	2 870	2 082	2 227
日本股票	511	297	251	309
其他亚洲股票	373	456	255	333
拉丁美洲股票	179	150	221	244
其他股票	632	682	663	634

注：2018年5月BIS修正了场外衍生品统计的历史数据，所以本表数据与以往年度的报告有所不同。
数据来源：BIS。

（二）全球股市活动主要集中于美国

1. 美国股市市值占全球的近四成

2017年末，全球市值最大的五家交易所与上年一样，为纽约—泛欧证券交易所美国中心（NYSE）、纳斯达克（NASDAQ）、日本交易所集团（Japan Exchange Group）、上海证券交易所和纽约—泛欧交易所欧洲中心（Euronext）。上海证券交易所市值连续四年全球排名第4位。2017年末美国股市（含纽约—泛欧交易所集团美国中心和纳斯达克）市值占全球市值的39%，中国股市（含上海证券交易所和深圳证券交易所）市值占全球市值的10.6%。

2. 全球股票市场融资规模大幅恢复

2017年，全球新上市公司为2 105家，比2016年增加732家。股市融资64 611.0亿美元，其中，新上市公司融资1 668.5亿美元，比2016年增加459.3亿美元；其他方式融资62 942.4亿美元，比2016年增加55 744.0亿美元。上海证券交易所筹资总额排名全球第4位。

3. 全球股票成交规模小幅下降，股市交易集中于美国

2017年，全球证券交易所股票成交金额106万亿美元，较2016年的109万亿美元小幅减少，其中，2017年美国的股票市场（含纽约—泛欧交易所集团美国中心、芝加哥期权交易所全球市场和纳斯达克）成交金额占全球的58.3%。

2017年，深圳证券交易所、上海证券交易所成交金额的排名分别居全球第4名和第5名，中国的股票市场成交金额占全球的15.9%。

（三）全球期货期权成交基本持平

据美国期货业协会（FIA）的统计数据，2017年全球在交易所交易的期货和期权产品共成交252.0亿手，较上年微降0.1%。其中，期权成交增长了11%，期货成交下降了6.6%。

从分地区来看，2017年，北美的交易所成交88.86亿手，增长3.5%；拉丁美洲的交易

表5–6　全球市值排名前十大交易所占比

单位：%

交易所	2017年末全球占比	交易所	2016年末全球占比	交易所	2015年末全球占比
纽约—泛欧交易所集团美国中心	26.8	纽约—泛欧交易所集团美国中心	28.0	纽约—泛欧交易所集团美国中心	28.0
纳斯达克	12.2	纳斯达克	11.1	纳斯达克	11.5
日本证券交易所集团	7.5	日本证券交易所集团	7.4	日本证券交易所集团	7.9
上海证券交易所	6.2	上海证券交易所	6.2	上海证券交易所	6.7
纽约—泛欧交易所集团欧洲中心	5.3	纽约—泛欧交易所集团欧洲中心	5.6	深圳证券交易所	5.4
香港证券交易所	5.3	深圳证券交易所	4.9	纽约—泛欧交易所集团欧洲中心	5.0
深圳证券交易所	4.4	香港证券交易所	4.5	香港证券交易所	5.0
多伦多证交所集团	2.9	多伦多证交所集团	3.1	德意志交易所集团	2.6
印度国家证券交易所	2.8	德意志交易所集团	2.8	多伦多证交所集团	2.6
孟买证券交易所	2.8	孟买证券交易所	2.4	瑞士证券交易所	2.3

数据来源：世界交易所联盟网站，www.world-exchanges.org。

表5-7　全球成交金额排名前十大交易所占比

单位：%

交易所	2017年末全球占比	交易所	2016年末全球占比	交易所	2015年末全球占比
纳斯达克	31.5	纳斯达克	29.2	纳斯达克	24.4
纽约—泛欧交易所集团美国中心	15.2	纽约—泛欧交易所集团美国中心	18.0	上海证券交易所	15.7
芝加哥期权交易所全球市场	11.6	芝加哥期权交易所全球市场	12.5	纽约—泛欧交易所集团美国中心	14.8
深圳证券交易所	8.7	深圳证券交易所	10.7	深圳证券交易所	14.5
上海证券交易所	7.2	上海证券交易所	6.8	BATS全球市场	10.5
日本证券交易所集团	6.2	日本证券交易所集团	5.8	日本证券交易所集团	4.6
芝加哥期货交易集团欧洲股票交易所	2.8	芝加哥期货交易集团欧洲股票交易所	3.0	BATS Chi-X欧洲	2.6
纽约—泛欧交易所集团欧洲中心	1.9	纽约—泛欧交易所集团欧洲中心	1.7	香港证券交易所	1.6
香港证券交易所	1.8	韩国交易所	1.5	纽约—泛欧交易所集团欧洲中心	1.6
韩国交易所	1.8	香港证券交易所	1.2	韩国交易所	1.4

数据来源：世界交易所联盟网站，www.world-exchanges.org。

表5-8　全球衍生品交易所交易数量排名

单位：亿手、%

排名	交易所	2017年	2016年	增长率
1	芝加哥商品交易所集团（CME Group）	40.88	39.42	3.7
2	印度国家证券交易所（National Stock Exchange of India）	24.65	21.19	16.3
3	洲际交易所（Intercontinental Exchange）	21.25	20.38	4.3
4	芝加哥期权交易所（CBOE Holdings）	18.10	16.33	10.9
5	巴西圣保罗证券交易所B3（Brasil Bolsa Balcão S.A.）	18.09	14.87	21.7
6	全美证券交易商自动报价系统（Nasdaq QMX）	16.77	15.76	6.4
7	欧洲期货交易所（Eurex）	16.76	17.27	−3.0
8	莫斯科联合交易所（Moscow Exchange）	15.85	19.50	−18.7
9	上海期货交易所（Shanghai Futures Exchange）	13.64	16.81	−18.8
10	大连商品交易所（Dalian Commodity Exchange）	11.01	15.37	−28.4
11	韩国交易所（Korea Exchange）	10.15	6.93	46.5
12	孟买证券交易所（BSE）	6.09	5.43	12.2
13	郑州商品交易所（Zhengzhou Commodity Exchange）	5.86	9.01	−35.0
14	南非证券交易所（JSE South Africa）	3.83	4.79	−20.1
15	香港交易所（Hong Kong Exchanges & Clearing）	3.72	3.45	8.0
16	日本交易所集团（Japan Exchange Group）	3.22	3.38	−4.5
17	台湾期货交易所（Taiwan Futures Exchange）	2.66	2.42	9.9
18	澳大利亚证券交易所集团（ASX Group）	2.48	2.44	1.6
19	迈阿密国际证券交易所（Miami International Exchange）	2.32	2.47	−6.0
20	印度多种商品交易所（Mult-commodity Exchange of India）	1.99	2.45	−19.0

资料来源：美国期货业协会（FIA）网站，www.futuresindustry.org。

所成交19.72亿手，增长22.1%。但这两个地区的增长不能弥补其他地区的下降，其中亚太地区的交易所成交88.09亿手，下降4.0%；欧洲的交易所成交49.36亿手，下降4.7%。北美地区的市场份额超过亚太地区。

从全球衍生品交易所交易量的排名来看，2017年上海期货交易所、大连商品交易所、郑州商品交易所成交分别下降了18.8%、28.4%和35.0%，排名也分别下降为第9、第10、第13名。与此同时，中国金融期货交易所的成交量增加了34.1%，排名从第37名上升到第31名。

三、各国际金融中心发展指数比较

全球最具权威的国际金融中心地位排名的指数来源是位于伦敦的Z/Yen集团公布的“全球金融中心指数”（Global Financial Centres Index，GFCI）。该指数自2007年3月起对全球范围内的主要金融中心进行评价，每年于3月和9月更新两次。截至2018年6月末，该指数已经发布了23期。在第23期全球金融中心指数（GFCI 23）中，研究了96个正式金融中心，14个候补金融中心数量。

全球金融中心指数通过“要素评估模型”计算得出，此模型使用了两种不同的输入变量。一是特征指标，数据收集自全球各项影响力广泛的评价报告。第23期GFCI共使用了103项特征指标。二是金融中心评价，通过在线问卷调查获得评分。特征指标和金融中心评价结果通过模型结合为各金融中心竞争力的综合评分，再根据评分高低得到各金融中心的排名。

近些年来，中国的金融开放和对外开放力度持续加大，上海金融业发展迅速，上海国际金融中心的全球地位稳步提升，在第23期GFCI中已经名列第6位。

全球金融中心指数模型中所使用的特征指标可以划分归纳为五类：营商环境、人力资本、基础设施、金融业发展水平和声誉及综合。

表5-9　近年来部分国际金融中心城市综合排名

	23期	22期	21期	20期	19期	18期	17期	16期	15期
城市	名次	名次	名次	名次	名次	名次	名次	名次	名次
伦敦	1	1	1	1	1	1	2	2	2
纽约	2	2	2	2	2	2	1	1	1
香港	3	3	4	4	4	3	3	3	3
新加坡	4	4	3	3	3	4	4	4	4
东京	5	5	5	5	5	5	5	6	6
上海	6	6	13	16	16	21	16	20	20
约翰内斯堡	52	48	59	59	51	33	32	38	50
圣保罗	67	63	62	51	43	31	43	34	38
孟买	73	60	63	75	42	59	53	61	76
莫斯科	83	89	85	84	67	78	75	80	73

资料来源：各期The Global Financial Centres Index。

表5-10　部分金融中心城市竞争力分项指标排名

城市	营商环境	人力资本	基础设施	金融业发展水平	声誉及综合
伦敦	1	2	1	2	1
纽约	2	3	2	1	2
香港	3	1	3	3	3
新加坡	4	4	4	7	4
东京	—	2	6	9	10
上海	—	13	5	11	13

注：东京和香港的商业环境指标均排在15名之后。
资料来源：The Global Financial Centres Index 23。

全球领先的金融中心通常在其他方面也发达并先进。全球金融中心指数排名前三的金融中心在所有次级指标上也位列前三。上海经过多年的发展，金融基础设施已相对完备，但人力资本、金融业发展水平、声誉及综合则排名靠后。营商环境更是排名在15名之后，而这一因素是被认为影响金融中心竞争力的首要因素。

从第23期GFCI问卷调查对国际金融中心城市金融行业的评价来看，上海的金融业在全球排名靠前——银行业排名第5位、投资管理排名第9位、保险排名第6位、专业服务排名第14位，政府监管排名在15名之后。

四、各主要国际金融中心景气指数比较

上海金融业联合会自2007年起发布《上海金融景气指数报告》。该报告对上海金融景气指数进行较为全面、客观的分析，并选取了七个国际上主要的国际金融中心城市作对比分析。

（一）上海金融景气指数分析

上海金融景气指数通过客观、真实的评价指标体系，从多个角度全面地反映上海金融业的发展状况，并按照指标对于金融中心建设的重要性，参照专家的评估和调研建立适宜的权重体系，通过加权计算方法提炼出反映整个金融业的综合性指数。

上海金融景气发展度指数以2006年为基期，强调指标范围的全面性和实践性，目标是综合且全面地反映金融业的发展全貌以及发展轨迹。指数采取的客观指标体系共包含金融市场、金融机构、金融人才、金融国际化、金融创新和金融生态环境等6项一级指标、36项二级指标和220项三级指标。指标体系覆盖上海金融业的各个组成部分，具有较强的代表性。

2017年上海市金融景气指数（发展度指数）为5 399点，较2016年增长432点，增幅为8.7%，保持了较稳定的发展速度。

上海金融景气指数在2006年至2017年保持稳健上升发展态势，发展度指数的复合增长率达到16.6%，高于上海市GDP复合增速（10%）6.6个百分点。

从不同发展维度看，2017年金融创新、金融国际化、金融市场景气发展度子指数保持10%以上较高的增速；金融创新子指数继续领跑所有一级指标；金融人才、金融国际化子指数增长率较2016年有较大

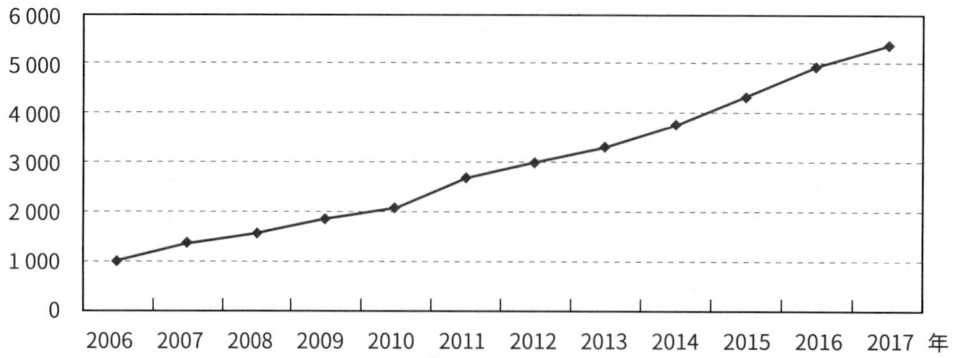

资料来源：上海金融业联合会，《上海金融景气指数(2017)报告》。

图5-1　2006～2017年上海金融景气指数——发展度曲线

提升，金融机构、金融生态环境增长幅度有所放缓。

金融市场方面。目前，上海已经形成了包括股票、债券、货币、外汇、商品期货、金融期货与场外衍生品、黄金、保险等在内较为完备的全国性金融市场体系。2017年上海金融市场交易总额1 430万亿元，约是2010年的3.7倍。上海股票、债券、期货、黄金等金融市场国际排名显著提升，多个品种交易量位居全球前列，影响度不断扩大。金融市场发展子指数达8 649点，较上年增长10%。

金融机构方面。上海不断完善各项服务措施，中外银行、证券、保险等金融机构不断集聚，金砖国家新开发银行、全球中央对手方协会（CCP12）等各类国际性、总部型、功能性重要金融机构纷纷落户，股权投资企业、互联网金融等新型金融机构及新兴业态不断涌现。截至2017年末，在沪各类持牌金融机构达1 537家。金融机构发展度子指数达3 522点，较上年增长5%。

金融人才方面。2017年，上海发布了《上海金融领域“十三五”人才发展规划》，提出到2020年，基本形成门类齐全、结构合理、流动自由的金融人力资源体系，基本建设成为具有全球影响力、吸引力、配置力的国际金融人才高地。金融人才发展度子指数达1 657点，较上年增长4.5%。

金融国际化方面。人民币跨境支付系统（CIPS）二期建设推动人民币国际化稳步发展，“债券通”试运行促进中国债券市场扩大开放，“上海金”和“上海油”助力上海在国际金融市场发声；外资金融机构集聚上海，在沪各类外资金融机构总数超过430家，占上海金融机构总数的30%左右。金融国际化发展度子指数达4 295点，较上年增长11.1%。

金融创新方面。金融从业人员对于2017年上海金融创新表现总体较为满意。金融创新发展度子指数达31 582点，较上年增长17.6%。

金融生态环境方面。宏观商业环境发展及基础设施环境发展均继续改善。金融生态环境发展度子指数达2 181点，较上年增长5.6%。

（二）上海与主要国际金融中心发展的比较

《上海金融景气指数报告》选取覆盖世界不同地域的知名金融中心与上海进行发展度的比较，这些中心城市包括伦敦、纽约、中国香港、新加坡、孟买、首尔。

用于国际比较的景气指数的指标选取遵循了同主指数类似的原则，即所有指标均来自由权威机构发布的、可以由公开渠道获取的原始数据，来自由专门组织维护并定期更新的数据源。进入指标的绝大部分数据来自国际知名的数据统计机构。指标体系共包含2项一级指标、6 项二级指标和17 项三级指标。

发展度指数衡量的是样本城市金融要素市场相对基期的发展速率而非对比城市间增长绝对量。从这个角度看，上海2017年发展度指数达4 634点，较2016年上升约2%，位列各大金融中心首位，在众多对比金融中心城市中遥遥领先；中国香港位居第二，2017年发展度指数达到4 099点，较2016年上涨5.52%；孟买位居第三，增长势头明显，发展度指数达3 792点，较上年上涨21.74%；首尔发展度指数达3 084点，较上年上涨8.3%；纽约、伦敦金融景气发展度基本保持平稳，新加坡略有下降。

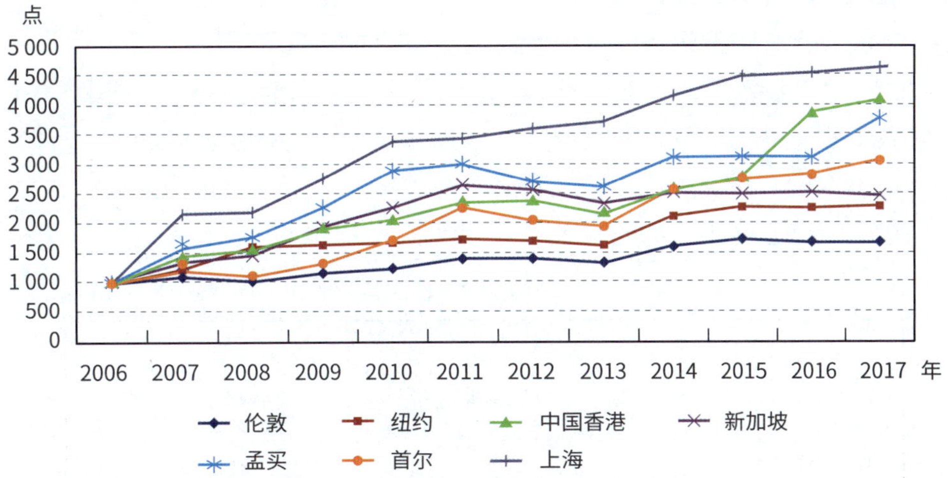

资料来源：上海金融业联合会，《上海金融景气指数(2017)报告》。

图5-2　国际主要金融中心金融发展指数横向对比——发展度曲线

专栏5-1　迪拜国际金融中心发展分析

迪拜是阿联酋第二大酋长国和经济中心，以金融、贸易、货运、旅游等产业为主。2002年2月16日，迪拜政府决定建立迪拜国际金融中心（Dubai International Financial Center，DIFC），并划定了占地110 英亩的特定区域。

迪拜位于亚洲和西方国家的中间，周边环绕有海湾合作委员会国家、印度次大陆、阿拉伯海湾、中亚地区、黎凡特和非洲东北部地区；与伦敦和北京分别为4个小时的时差，一天之内可以覆盖东、西两个市场，刚好填补中国和西方交易市场上的“金融真空”。

中东地区的资金流动强劲，海湾阿拉伯地区也是全球发展速度最快的市场之一，摩根士丹利资本国际公司新兴市场指数(MSCI)将阿联酋归为新兴市场类别，有力促进了外国资本的涌入，提升了投资者对该区域的信心。对于涌入中东和非洲市场的亚洲资本，迪拜起到了很好的枢纽作用。

一、DIFC发展概况

（一）发展现况

经过10多年的发展，DIFC吸引了全球机构入驻，包括25家全球顶级银行中的18家、全球最大的8家资产管理公司、世界10大保险公司中的6家以及10大律师事务所中的6家，成为中东、非洲和南亚地区第一大金融中心。业务范围包括资产管理、项目融资、资产评估、银行业务、股票和证券交易、伊斯兰金融、保险和再保险等。除金融服务外，进驻迪拜国际金融中心的还有来自快速消费品、石化和科技等领域的多家全球性和地区性龙头企业。这些客户大都把迪拜国际金融中心作为它们的区域性总部，并且正在逐渐将该中心作为它们扩大地区性业务版图的平台。2016年，迪拜国际金融中心（DIFC）盈利4.21亿迪拉姆（约合1.15亿美元）①。

2015年6月，DIFC制定了未来10年发展战略，目标在2024年将规模提升至当时的3倍，并且这一战略将与中国“一带一路”倡议接轨，此外预计DIFC未来会有超过一半的增长来自包括东南亚、非洲和拉丁美洲在内的“南南走廊”地区。

（二）国际比较

根据最新全球金融中心指数（GFCI23），通过101个特征指标的综合评比，迪拜在全球88个金融中心排名中位居第19名。

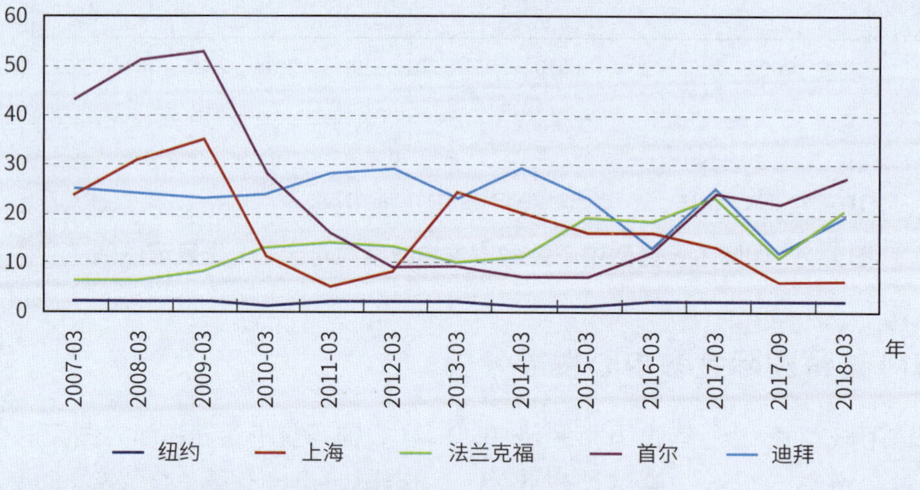

资料来源：上海金融业联合会，《上海金融景气指数（2017）报告》。

图5-3　各金融中心GFCI排名趋势变化

①根据阿联酋《海湾时报》2017年2月21日报道。

从近十年全球金融中心排名来看，迪拜从2007年3月的第25名上升到2017年9月的第12名，2018年3月又有所回落。在2017年GFCI21问卷调查中，受访者被问及哪些金融中心在未来会取得显著发展。在被提及次数最多的15个金融中心中，迪拜排名第3位。

二、DIFC的管理框架

迪拜国际金融中心是一个根据阿拉伯联合酋长国联邦法律和迪拜酋长国法律设立的联邦金融自由区。DIFC由政府设立，但是在运营上是完全独立的。支撑金融中心发展的三个独立机构分别是迪拜国际金融中心管理局（Dubai Authority）、迪拜金融服务管理局（Dubai Financial Services Authority, DFSA）和争端解决管理局（Dispute Resolution Authority，DRA）。DIFC主席、高级董事会和DIFC行政长官共同负责管理金融中心和以上三家机构。

三、DIFC的优势

（一）全球金融和商业枢纽

迪拜得天独厚的战略位置使广大企业可以接触到广大的区域，该地区有着蓬勃发展的经济体、日益增多的人口和随处可见的商业机遇。迪拜斥巨资兴建交通、电信、能源和工业基础设施，目的是增强对国际企业的吸引力。因此，迪拜又被誉为“具备世界级商业环境的卓越地区商业中心”。

（二）世界级监管机构

迪拜国际金融中心中的金融服务机构由迪拜金融服务管理局采用综合性世界级监管制度颁发牌照并进行监管。该独立监管机构的设立充分借鉴了伦敦和纽约采用的原则性基本法律，准许进行一系列金融服务活动。

DIFC严格按照国际清算银行（BIS）、国际经合组织（OECD）、金融行动特别工作组（FATF）和国际会计准则理事会（IASB）等国际组织制定的标准建立监管机制，以期实现建立清洁透明有序的市场、降低系统性风险、促进阿联酋和DIFC的发展、实现为国际和地区性机构提供高标准服务的监管目标。

在众多许可中，有一种性价比极高的“代表处”许可。这种许可非常适合那些刚刚进入该地区开展初期基础性工作、进行市场调研并评估商业机遇的公司。代表处可以不受迪拜金融服务管理局规则手册中规定的约束，因此有助于它们以最低的成本跻身该区域性市场。

（三）独立的立法体系

迪拜国际金融中心拥有自己的民事和商业法律法规，并已制定出一整套金融服务法律。作为其自治权的组成部分，迪拜国际金融中心创建了独立的司法体系，而DIFC法院则是负责在金融中心内进行独立透明执法活动的机构。

迪拜国际金融中心的法律体系以普通法原则为基础，效仿英格兰及威尔士法律的模式，采用英语为官方语言。DIFC法院对金融中心内的所有民事和商业纠纷和/或与中心内注册机构和公司有关的纠纷具有专属管辖权，并允许在该法院（或如果双方愿意），在其他认可司法管辖区内的法院旁听案件的审理。

（四）支持性商业环境

迪拜国际金融中心提供完备的基础设施和税收优惠制度：资本账户完全可兑换，资本及利润可100%汇出；允许外资100%所有权；免征个人及企业所得税、利息收入免税、税后分红免税（从2004年开始，保证期限50年）；在阿联酋地区成立的机构可以广泛享受“避免双重征税”协定（与66个国家或地区签订双边条约）；交易体系以美元为主，禁止使用当地货币迪拉姆进行交易;人力资源供给十分充足；快捷的一站式服务可以满足签证、工作许可和其他相关要求；区内各类生活、休闲设施一应俱全。